L'Afrique des cultures et la mondialisation

Sayon Mara

L'Afrique des cultures et la mondialisation

Entre tradition et modernité

Essai

PRÉFACE D'ALFA OUMAR DIALLO

L'Harmattan

5-7, rue de l'École-Polytechnique – 75005 Paris

www.editions-harmattan.fr

ISBN : 978-2-343-21480-1
EAN : 9782343214801

Dédicace

Je dédie ce livre à ma grande sœur Koulako Mara décédée le 11 janvier 2019 à Kankan et dont ma fille aînée porte le nom. C'est elle qui m'aida à faire mes premiers pas quand j'étais tout petit. Que la terre lui soit légère et que Dieu le Tout-Puissant l'accueille dans son paradis éternel !

Amine !

Remerciements

Tout d'abord, je tiens à remercier Dieu le Tout-Puissant de m'avoir donné la force, la santé et le courage de mener à bien ce travail. Également je remercie, du fond du cœur, mes parents ainsi que ma chère épouse, dont le soutien n'a jamais manqué.

Mes plus vifs remerciements vont à l'endroit de mes grands frères Mamady Télikoro Mara et Souleymane Doumbouya qui m'ont soutenu et encouragé dans cette aventure.

Enfin, je dis toute ma reconnaissance à tous ceux qui, de près ou de loin, ont participé à l'élaboration de cet ouvrage.

Préface

Plus d'un demi-siècle après les indépendances acquises des fois au prix du sang, le continent noir semble se chercher encore surtout face au phénomène incontournable des grands ensembles ou tout simplement la mondialisation.

Quelle place et quel poids donner à nos traditions face à la géopolitique internationale, dominée par l'ouverture des économies nationales sur le marché mondial entrainant une interdépendance croissante des pays, rendue de plus en plus impitoyable pour les faibles ?

Dans quelles conditions et avec quel levain sociétal, l'Afrique Noire avec ses maladies, ses dettes, ses guerres, sa mauvaise gouvernance ou tout simplement ses défis pour un lendemain meilleur peut-elle prendre son envol à l'image de la Chine ou du Japon, pays des civilisations millénaires ?

Un tout jeune écrivain tente dans son premier livre d'apporter des réponses à ces situations plus préoccupantes pour les futures générations laminées par un chômage endémique et surtout un avenir sans lendemain, sans espoir comme le témoignent les nombreux morts dans la Méditerranée et l'enfer des déserts au milieu de nulle part.

Pour cet auteur, « *Le choix délibéré de se défaire entièrement de nos traditions et de s'engager sans retour sur la voie de la mondialisation, n'est pas sans conséquence sur notre devenir* ». Cela à n'en pas douter « *nous coupera de nos racines* » et nous poussera dans un gouffre sans fond et sans fin. Un adage africain reconnaît volontiers qu'« *il n'y a point de bon vent pour celui qui ne sait où il va* ».

Le concept de mondialisation est une vogue. L'auteur malgré tout a quelques appréhensions qu'il décline sous forme de conseils :

« *Si nous ne nous regardons pas en face, si nous ne nous remettons pas en cause, pour savoir d'où nous venons, nous mourrons sous peu dans l'inertie culturelle.* »

D'autres comme Amadou Hampâté BA, Djibril Tamsir NIANE, Frantz FANON, René DUMON, etc. ont déjà défriché ces sentiers prometteurs et lumineux.

Puisse ce livre montrer la voie à ceux qui le liront et qu'il soit une boussole, un fil d'Ariane pour nous orienter dans le labyrinthe de la tradition, de la modernité et… de la globalisation pour une Afrique unie et prospère.

Prof. Alfa Oumar DIALLO,
Université Ahmadou DIENG

« L'Afrique a une histoire. L'Afrique, berceau de l'humanité, a enfanté l'histoire. Malgré des obstacles géants, des épreuves majeures et des erreurs tragiques, l'Afrique a illustré notre aptitude au changement et au progrès : notre historicité. Mais celle-ci doit, par la conscience historique, gouverner les trois moments du temps : le passé, le présent et la projection vers l'avenir.

L'invocation par nous du passé seul, du passé simple, ne prouve rien pour le présent et l'avenir, alors que la convocation d'un présent médiocre ou calamiteux comme témoin à charge contre nous, peut mettre en doute notre passé et mettre en cause notre avenir.

C'est pourquoi chaque Africaine, chaque Africain doit être, ici et maintenant, une valeur ajoutée. Chaque génération a des pyramides à bâtir »

Joseph Ki-Zerbo, message à la jeunesse africaine

Avant-propos

« La facilité avec laquelle nous renonçons, souvent, à notre culture ne s'explique que par notre ignorance de celle-ci, et non par une attitude progressiste adoptée en connaissance de cause. », disait Cheikh Anta Diop.

Depuis les années 1930, les débats portant sur **« les traditions africaines face à la modernité occidentale »** ou la vieille thématique **« du Choc des cultures »** se posent avec acuité et étreignent les esprits de plus d'un spécialiste, notamment les traditionalistes.

L'attention et l'intérêt que ceux-ci portent aux valeurs africaines s'expliquent par le fait qu'ils sont préoccupés par le souci du devenir culturel de notre continent.

Effectivement, cette thématique fait grincer les dents et couler beaucoup d'encre de nos jours. Il y va de soi que chacun aille de son commentaire.

En effet, pour certains, l'ouverture sans limite des portes de nos valeurs à celles occidentales apparaît comme vitale. Alors que, pour d'autres, trop d'ouverture peut impacter négativement les nôtres, voire les altérer, les compromettre ou carrément les éteindre avec le temps.

Un premier groupe de personnes, à cheval entre l'africanité et la modernité, pense qu'il faut trier les deux et ne retenir que les pratiques qui sont proches de nos us et coutumes. Ensuite, procéder à une intelligente conciliation entre les deux, cela en vue de mettre les apports de l'Occident au service du développement de notre continent.

Un exercice certes délicat, mais qui, minutieusement mûri, peut nous éviter d'être en marge du rendez-vous planétaire culturel du donner et du recevoir. Ce serait une autoflagellation que de ne pas y penser. D'ailleurs le brassage culturel étant inévitable, nul ne saurait s'en extraire, de bon ou mauvais gré.

Le second, par contre, ne mesurant pas toutes les conséquences des valeurs importées et qui se substituent insidieusement à celles de l'Afrique, s'est inscrit dans un amorphisme face à cette situation pourtant inquiétante.

La logique de cette fraction de personnes consiste à banaliser tout, à se moquer de tout, à croiser les bras, en attendant qu'un miracle nous tombe dessus comme la manne et les cailles tombées du ciel du temps du prophète Moïse. Dans une ineptie totale, elle continue à croire éperdument que la bonne fortune du continent viendrait de l'extérieur c'est-à-dire des autres. Très malheureusement, elle ignore que le miracle n'existe pas et que personne ne viendra développer ce continent à notre place. Pour y parvenir, il faut absolument qu'on se départisse du vieux complexe colonial vis-à-vis de l'homme blanc ou de l'Occident judéo-chrétien.

Ces débats éveillent clairement notre conscience et renforcent à maints égards nos convictions. Ceux qui pensent que nous courons inéluctablement vers un suicide collectif du moins culturel, si nous ne faisons pas un réel discernement entre ce que nous propose souvent l'Occident et ce qui est à l'avantage du continent, auront raison de prédire que nous courons sans doute vers l'abîme.

Arrêtons-nous un tout petit peu, focalisons-nous sans ambages sur les différentes facettes de l'évolution de notre continent. Rétrospective pendant laquelle, sera passé au peigne fin notre vécu commun plein de soubresauts, de contradictions et de perdition.

L'objectif est de pouvoir tirer des leçons de cette expérience collective afin de mieux analyser la triste réalité à laquelle l'Afrique est confrontée.

Il nous faut de nouveaux horizons tout simplement !

Introduction

La pire des maladies inoculées à l'Afrique par la colonisation est ce fâcheux complexe d'infériorité qui continue de ronger et malheureusement de consumer nos valeurs jusqu'à leur essence.

Cette volonté manifeste de se renier, de refuser d'être ce qu'on est tout en rêvant qu'on peut être autre que ce qu'on est, est ce virus maudit, ne respectant rien du tout, qui a été inoculé à l'Africain et qui ne cesse de le rendre ridicule aux yeux des autres, de l'enfoncer dans ce tunnel obscur dont le terminus n'est autre que la désolation, le remords et la dépravation.

Des philosophes en tous genres et de toutes les couleurs, des beaux parleurs, dotés d'une intelligence et doués dans l'art de la manipulation, sous un masque de prêcheurs, d'évangélisateurs, formatèrent les esprits des Africains afin que ceux-ci soient réceptifs à tout ce que l'Occident dominateur et raciste lui proposait, ce qui finit par le rendre inoffensif comme un agneau. Ce fut un véritable toilettage de cerveau pour l'adapter à la volonté du colonisateur qui a été appuyé dans cette entreprise par certains collabos noirs dont la vision ne dépasse point le bout de leur nez.

Cheikh Anta Diop nous explique ce phénomène dans *Alerte sous les tropiques*[1], « Le Nègre ignore que ses ancêtres, qui se sont adaptés aux conditions matérielles de la vallée du Nil, sont les plus anciens guides de l'humanité dans la voie de la civilisation ; que ce sont eux qui ont créé

---

[1] Présence africaine, 2006.

les Arts, la religion (en particulier le monothéisme), la littérature, les premiers systèmes philosophiques, l'écriture, les sciences exactes (physique, mathématiques, mécanique, astronomie, calendrier...), la médecine, l'architecture, l'agriculture, etc. à une époque où le reste de la Terre (Asie, Europe : Grèce, Rome...) était plongé dans la barbarie. »

La colonisation a pris fin, mais les esprits sont restés prisonniers de l'idée d'infériorité. Et la pire des prisons est celle qui est dans la tête.

Nous sommes, par-dessus tout, sans véritable référence culturelle. Pourtant, toutes les fouilles archéologiques et recherches scientifiques ont toujours révélé que l'Afrique est le berceau de l'humanité et, par ricochet, le berceau de la civilisation. Mais pourquoi ne sommes-nous pas fiers de nos valeurs ? Pourquoi chercher à être l'autre ? Quel avantage pouvons-nous tirer de cela si ce n'est de nous ridiculiser aux yeux même de ceux que nous voulons singer ?

Vraisemblablement, l'ampleur ou l'influence de la mondialisation sur les traditions africaines est telle que nous sommes amenés à nous demander quel sera l'héritage culturel laissé aux générations futures. D'où l'impérieuse nécessité d'une réelle autopsie de cette situation. Cela nous permettra de nous rendre compte du degré de l'abîme vers lequel nous courons en continuant à balayer d'un revers de la main nos valeurs en faveur de celles occidentales qui, parfois, ont du mal à épouser ou cohabiter avec nos réalités.

Nous ne disons pas que la mondialisation ou l'arrivée du Blanc en Afrique n'a rien apporté au berceau de l'humanité, mais les dégâts enregistrés sur nos cultures, ses impacts sur nos manières de faire sont si importants qu'ils nous poussent à méditer. À l'allure où vont les choses, ils risquent d'enterrer nos valeurs avec le temps, si une prise de conscience effective n'est pas faite dès maintenant.

Clairement, l'impact de la globalisation sur les cultures africaines est une réalité qui présente un visage diversifié. Sans méconnaitre la dimension de la complexité de la question, il nous a paru tout de même nécessaire d'inscrire notre analyse dans le cadre d'une démarche d'éveil de conscience impliquant de souligner au préalable que les réflexions seront, au sens propre de l'expression, centrées sur les faciès socio-culturels de l'énigme.

Cette exploration s'organisera donc autour de sept Chapitres, chacun d'eux en dépeignant une problématique spécifique des corollaires de l'assimilation ou de l'abandon de nos valeurs sociétales au profit de celles occidentales.

Le premier Chapitre s'interrogera sur l'avenir des traditions africaines tout en soulignant le risque de mort culturelle que nous courrons en continuant à singer les valeurs des autres, afin d'alerter et éveiller la conscience des nouvelles générations sur ce triste état de fait.

Le deuxième Chapitre abordera la question de la nécessité de concilier les modèles de développement proposés par les Institutions comme le Fonds monétaire international (FMI) et la Banque mondiale aux réalités du continent.

Les Chapitres 3 et 4 traiteront de l'apport de l'Afrique à la Civilisation universelle et les impacts de la mondialisation sur les modes de vie des Africains. Nous proposons ensuite de parler de l'éducation dans la société traditionnelle africaine (Chapitre 5). Puis nous montrerons le rôle que les langues nationales peuvent jouer dans le développement du continent (Chapitre 6).

Enfin, dans un dernier Chapitre, nous nous intéresserons à l'impérieuse nécessité qu'il y a aujourd'hui pour l'Afrique de s'arc-bouter sur ses valeurs sociétales.

CHAPITRE I

Les forces de l'Afrique traditionnelle

D'abord, avant de se pencher sur la problématique proprement dite, une question mériterait examen : que signifient les forces, l'Afrique traditionnelle ?

Les forces, dans le contexte présent, désignent l'énergie, la capacité de conservation et de pérennisation des acquis traditionnels de l'Afrique.

L'Afrique traditionnelle, quant à elle, est cette Afrique précédant les expéditions d'islamisation et d'évangélisation.

Les forces de l'Afrique traditionnelle sont donc l'ensemble des capacités que disposait l'Afrique précédant les expéditions d'islamisation et d'évangélisation et les valeurs culturelles qui ont résisté aux deux phénomènes précédents, dans le renforcement des liens sociaux et la résolution des problèmes de société auxquels les communautés étaient confrontées.

Mais en quoi les traditions de l'Afrique fondent ses forces ?

Les traditions, modes de penser et d'agir, font la force de l'Afrique parce qu'elles permettent non seulement la conservation de son identité culturelle, mais aussi permettent de se mettre à l'abri des effets pervers des cultures importées.

Pour s'écarter de la routine, l'Afrique noire doit se reconstruire et redevenir elle-même. Elle doit impérativement puiser dans ses savoirs endogènes, ses valeurs traditionnelles positives combinées à celles de l'universel et en parfaite harmonie avec celles-ci.

Tout comme pour dire qu'elle doit conjuguer la modernité et l'Africanité ensemble.

Bien que nous soyons le berceau de l'humanité, donc le centre même de la civilisation humaine, nous n'avons jamais réussi à amener les autres, le reste du monde, à être comme nous, à renier leurs valeurs pour les nôtres. Pourquoi continuons-nous à nous maltraiter devant les autres pour leur faire plaisir ?

Incontestablement, s'asseoir et ne rien faire face à cette situation, à tout ce risque de disparition auquel nos traditions sont confrontées, serait la plus grande erreur que l'on puisse commettre ; c'est une question de survie de nos valeurs, de notre identité culturelle.

C'est tout simplement pathétique de nous voir chercher à être comme ceux dont la mission essentielle est de nous maintenir en marge de l'émergence pour avoir toujours la mainmise sur nous, nous contrôler facilement pour des raisons de conquête. Même pour prendre des décisions importantes qui peuvent parfois aller dans l'intérêt supérieur des Peuples africains, plusieurs de nos dirigeants, du fait de la forte dose de complexe qui circule dans leurs veines, se donnent pour mission d'aller prendre des conseils auprès de leurs maîtres occidentaux d'abord ; si cela n'est pas du goût de ces derniers, ces projets sont rangés dans les tiroirs. Et gare au chef d'État africain qui leur tiendra tête ; il sera aussitôt déstabilisé, isolé par ses homologues africains et deviendra, du coup, *persona non grata*, paria ou dictateur.

Les Chefs d'État qui ont bien voulu frayer leurs propres chemins, en conciliant les principes universels de la démocratie et du développement aux réalités de leur pays pour le bonheur des populations, ont été soit assassinés, soit confrontés aux mouvements rebelles ou à la déstabilisation économique par l'émission et la mise en circulation frauduleuse des monnaies afin de provoquer l'inflation.

Les Présidents Thomas Sankara du Burkina Fasso, Sylvanus Olympio du Togo, John-Aguiyi Ironsi du Nigéria, Abdirachid-Ali Shermake de la Somalie, Richard Ratsimandrava de Madagascar, François-Ngarta Tombal baye du Tchad, Murtala-Ramat Mohammed du Nigéria, Marien Ngouabi du Congo-Brazzaville et Teferi Bante de l'Éthiopie, Ruben Um Nyobè, leader politique et grande figure de la lutte pour l'indépendance du Cameroun, le pionnier de la lutte pour la libération de la Guinée-Bissau Amilcar Lopes da Costa Cabral, le Premier ministre Patrice Lumumba de la République démocratique du Congo, pour ne citer que ceux-ci, ont tous été liquidés, assassinés du fait de leurs prises de position panafricaines et leur refus d'être des marionnettes des puissances impérialistes.

La volonté salvatrice du Président ivoirien, Monsieur Laurent Gbagbo, de quitter le franc CFA, cette monnaie symbolisant la colonisation, lui a attiré tous les ennuis du monde.

La tradition est l'identité de l'Africain. Elle est ce qui lui permet de s'épanouir et de le distinguer des autres.

Un vieux dicton populaire nous enseigne qu'« un arbre sans racine ne grandit pas, il meurt toujours ».

Autrefois, les traditions africaines réglaient entièrement la vie des sociétés en Afrique et étaient au cœur de toutes les activités. De la conduite des populations en passant par leurs modes vestimentaires jusqu'à leurs régimes alimentaires, tout se définissait par elles. Il faut avoir tel comportement, éviter tel autre, s'habiller de telle manière, manger tel aliment, ne pas manger tel autre, dire telle chose, ne pas dire telle autre ; la tradition chaperonnait tout jusque dans les moindres détails et aucune transgression n'était agréée par les garants de ces valeurs, les sages. Et les sanctions à la désobéissance, à un comportement indécent, étaient souvent d'ordre moral se manifestant à travers une condamnation générale, un rejet de la communauté vis-à-vis du coupable ou une sanction religieuse. Là, un mauvais sort est lancé au coupable ou il est tout simplement frappé d'un châtiment mystique sous forme de maladie, par la mort, par des calamités diverses.

Chaque geste dévoilait la force et l'audace de l'Africain. Cela se ressentait dans les danses, chants et autres coutumes de l'Africain.

Les traditions, en un mot, étaient présentes, dans le vrai sens de l'expression, dans nos vies et activités de tous les jours et tout pirouettait autour d'elles.

Malheureusement, ces valeurs se heurtent amèrement à l'emprise occidentale et disparaissent, à vue d'œil, d'année en année. Force est de reconnaître qu'avec cette forte intrusion des valeurs occidentales, nous nous retrouvons dans un alignement où nous ne savons même plus qui nous sommes culturellement ni où nous allons. Nos cultures sont malmenées, vilipendées, dénaturées, rejetées, sabotées, bafouées et discriminées à tous les niveaux au bénéfice des valeurs transgressant même parfois les nôtres, par la nouvelle génération.

Tout ce travail gigantesque, abattu par nos aïeux durant des siècles pour construire nos valeurs sociétales, est en train d'être mis à l'eau.

Pourtant, les traditions sont des valeurs qui définissent l'homme, le situent dans le temps, dans l'espace. Sans elles, il est comme un animal égaré dans la nature.

En réalité, la modernité occidentale phagocyte peu à peu nos valeurs et nous expose sans cesse à la disparition, à une mort certaine culturellement dans les années à venir, si d'ores et déjà, un éveil de conscience effectif n'est pas fait. Tout comme pour dire que les traditions africaines semblent perdre la face devant cet avènement d'un village planétaire.

À vrai dire, les traditions et les connaissances devraient être les principaux piliers du développement de nos pays car, aucune société ne peut et ne s'est développée en l'absence des deux. Il nous faut donc utiliser nos savoirs endogènes, nos traditions et nos valeurs culturelles pour penser, mais surtout construire notre avenir. D'ailleurs, comment peut-on s'identifier aux autres, s'affirmer quand notre héritage culturel est foulé au pied, malmené, rejeté au jour le jour ? Mieux, comment les autres peuvent-ils nous prendre au sérieux, nous accorder de l'importance, du respect quand nous-mêmes n'avons pas confiance en nous, n'avons pas d'égard pour nous-mêmes, pour nos traditions ? Quel sera le sort culturel du continent dans une décennie, dans un siècle, dans un millénaire ou plus ?

Comment pouvons-nous même nous développer quand on continue toujours de penser qu'on ne peut se développer que dans les valeurs culturelles des autres ?

Ces questions taraudent les esprits de tous ceux qui sont préoccupés à ce jour par le développement, par le devenir de notre continent, car cette situation, depuis la colonisation, existe et que nous vivons les conséquences de cela aujourd'hui.

Les traditions, en toute vérité, devraient jouer un rôle majeur dans le développement du continent. Malheureusement, rejetées partout, elles sont absentes dans les grandes décisions que prennent nos dirigeants.

Tristement, malgré cette alarmante aliénation culturelle au corollaire asphyxiant, notre devenir, nous ne nous arrêtons jamais, même pour une introspection ou une prise de conscience ; nous nous obstinons à rayer tout ce qu'on a comme valeurs au profit de celles qui ne seront jamais les nôtres.

Ce choix délibéré de se défaire entièrement de nos traditions et de s'engager sans retour sur la voie de la mondialisation n'est pas sans conséquence sur notre devenir. Cela nous coupe de nos anciennes racines et nous oriente vers une destination inconnue et incertaine. Cependant, une sagesse reconnaît volontiers que : « il n'y a point de bon vent pour celui qui ne sait où il va ».

Ce qui est en vogue, c'est ce concept de mondialisation. Cet idéal est le point de mire de toutes les préoccupations des conservateurs de nos valeurs qui trouvent impérieux de nous arrêter, ne serait-ce qu'un laps de temps, pour passer au peigne fin cette triste réalité à laquelle nos sociétés sont confrontées. Si nous ne nous regardons pas dans la glace, si nous ne nous remettons pas en cause, pour savoir d'où nous venons, nous mourrons sous peu dans l'inertie culturelle.

Du reste, comment pouvons-nous développer nos pays, si les modèles de développement proposés jusqu'à maintenant par les Occidentaux, avalisés par nos dirigeants, ne tiennent souvent pas compte de nos manières de vivre, de nos réalités, en un mot de notre culture ?

Cette question mérite bel et bien d'être posée, car tous les modèles calqués sur ceux des Occidentaux jusque-là ne nous ont aucunement permis encore de voir le bout du tunnel. Ils nous font au contraire tourner en rond et nous demeurons toujours à la traîne. Alors que des pays comme la Chine par exemple qui ont eu des sorts pires que nous pendant la colonisation ont pu tirer leur épingle du jeu. En un temps record, ils ont atteint le niveau de développement dont ils rêvaient à un moment donné. Ils concurrencent même les grandes nations en matière de développement.

Dans les années 1940, la Chine était l'un des Pays les plus misérables au monde. Jusqu'aux années 2000, beaucoup de Pays européens comme la France, l'Allemagne, l'Angleterre et autres la devançaient en matière de développement. Mais depuis une dizaine d'années maintenant, elle connaît une croissance économique sans précédent. Elle est devenue, en très peu de temps, la deuxième puissance commerciale mondiale après les États-Unis, et son marché intérieur présente de forts potentiels.

Qu'est-ce qui peut bien expliquer cette prouesse ?

Ne nous creusons pas, de façon superflue, la tête à la recherche d'une réponse qui nous est toute proche. Cette grande Nation a su se servir des modèles occidentaux de développement en les adaptant à ses réalités. Tout en mettant au cœur de son développement ses traditions.

Curieusement, chez nous ici en Afrique, l'Occident cherche toujours à nous faire croire que le développement de notre région passe par les modèles de lutte contre la pauvreté, patati patata. Inconsciemment, nous les croyons et par-dessus tout, nous nous engageons à les accompagner dans cette duperie consistant à nous faire rêver dans le dessein de pomper davantage nos ressources et appauvrir le continent. On s'enferme dans ces vastes notions et modèles de développement taillés conformément aux réalités occidentales que nous proposent les autres. Conséquence, on tourne en rond comme un poulet qui reçoit une pierre en pleine tête ; on va dans tous les sens, mais le développement escompté traine toujours à venir.

Il nous revient de décider de notre avenir et celui des générations futures.

CHAPITRE II

Les voies du développement de l'Afrique

Le développement, selon Ses Web class, est l'ensemble des transformations structurelles (démographiques, économiques, sociales, mentales, politiques, etc.) qui rendent possibles et accompagnent la croissance économique et l'évaluation du niveau de vie.

Les voies du développement de l'Afrique sont l'ensemble des pistes et stratégies que le continent devra profiler pour son véritable décollage socio-économique.

En effet, les voies imposées et empruntées par les dirigeants africains pour tenter de sortir l'Afrique des précipices dans lesquels elle a été plongée par le système colonial, se sont jusque-là révélées inefficaces face aux défis auxquels le continent est confronté.

Pas besoin de sortir de Saint-Cyr pour réaliser que le berceau de l'homme moderne ne prendra véritablement son envol que lorsque les traditions reprendront la place qui est la leur dans le processus de construction, de développement du continent.

Les us et coutumes d'une société sont le fondement idéologique même de cette société.

La tradition en tant que facteur d'éducation permet à une société de perdurer.

Autrement dit, toutes les grandes puissances ont trouvé leur repère dans l'éducation traditionnelle, à ne pas confondre avec la religion qui est personnelle à chacun.

Plusieurs personnes confondent ou réduisent la tradition à la religion. Ce qui est dangereux parce que la croyance est personnelle.

Alors que la tradition quant à elle, est l'ensemble des pratiques propres à une société ou une communauté donnée.

Les composantes d'une société X par exemple ont la même tradition. Cependant, elles peuvent ne pas avoir la même religion.

Bref, le développement du continent passe par trois voies à savoir :

Première voie : se défaire du complexe d'infériorité et adapter nos textes juridiques et modèles de développement à nos réalités

L'Afrique ne se développera que lorsque nous nous engagerons dans de franches relations de coopération et de partenariat gagnant-gagnant d'avec l'Occident, que lorsque nous aurons confiance en nous-mêmes. Ce n'est aucunement en faisant les lèche-bottes auprès des Occidentaux que nos dirigeants sortiront le continent du marasme économique dans lequel la quasi-totalité des pays africains végète depuis leur « indépendance ».

Il faut une véritable volonté politique.

Incroyablement, le monde grandit, mais l'Afrique reste la même ; elle ne grandit pas avec le monde comme l'a dit récemment le milliardaire américain Bill Gates[2].

Disons-nous la vérité ! Calqué sur le modèle occidental, le développement n'a pas fait avancer le continent noir jusqu'à présent, car la culture, les traditions en un mot, n'ont pas été prises en compte dans les différents modèles de progrès économiques et techniques proposés. Au lieu d'adapter par exemple la démocratie occidentale aux

---

[2] Publié sur Facebook par le site d'information Senegal17 en 2019.

réalités africaines, l'Africain, par complaisance et par mépris pour ses propres valeurs, trouve mieux de plier carrément nos valeurs à celles occidentales ; alors que les deux réalités sont diamétralement opposées. On copie parfois des lois qui sont en déphasage total avec nos valeurs. Pour preuve, dans la démocratie occidentale, un enfant a la liberté de dire à ses parents qu'ils mentent sans aucune gêne ; l'enfant peut même traduire ses parents devant la justice.

De telles valeurs peuvent-elles se passer chez nous ici en Afrique sans qu'elles ne soient vues sous un mauvais angle ?

J'en doute fort. Ce comportement signifierait chez nous une véritable malédiction. Celui qui se hasarderait à agir de la sorte sera banni pour toujours au niveau de la communauté.

Copier de telles valeurs et les imposer à nos sociétés, cela amène souvent des contradictions dans les entrailles des populations qui, pour la plupart, ne prennent pas part à la rédaction ni au vote de ces lois à l'Assemblée nationale.

Tout récemment par exemple, l'Assemblée nationale de la Guinée a voté une loi concernant le régime matrimonial qui fait de la monogamie la règle et la polygamie l'exception dans une population dont la majorité tient à ses valeurs traditionnelles basées sur la polygamie.

Cela a créé de vives réactions de la part des citoyens qui ont même demandé au Président de la République de ne pas promulguer cette loi. Pour eux, c'est contraire à nos valeurs.

Deuxième voie : adapter les principes universels de la démocratie à nos réalités

Une modernité imposée, fruit de la colonisation, ne peut permettre à l'Afrique d'amorcer son véritable décollage économique.

Il est évident que l'énigme à laquelle le continent est confronté est sans doute ce complexe d'infériorité dont il est victime.

L'Africain, formaté depuis le temps colonial, a toujours en tête qu'il n'y a de meilleures cultures, de valeurs à magnifier que celles transportées de l'Occident tout en oubliant que le souci majeur de l'Occident est de maintenir les pays africains dans les conditions de servitude et de dépendance. Les nôtres ne sont bonnes qu'à la poubelle, puisque plus contraignantes ainsi raisonnent ces Occidentaux.

Pour un développement harmonieux, hardi, fécond et prompt, les cultures et les traditions doivent reprendre les places qui sont les leurs dans le développement de nos pays. Nous devons, en quelque sorte, prendre les principes universels des modèles de démocraties, de développement occidental puis les adapter à nos réalités africaines.

Le développement social et culturel s'obtient à travers la conservation des éléments traditionnels comme les folklores au niveau de la musique, des sites touristiques traditionnels, car chaque Nation, chaque Peuple s'identifient à travers eux et c'est dans ces valeurs qu'il peut mieux s'épanouir. En un mot, la civilisation est le levier de l'épanouissement et de l'organisation d'un pays. En d'autres termes, se connaître soi-même est le point de départ de l'émergence du continent dans le vrai sens de l'expression.

Véritablement, l'Afrique a connu bien avant la colonisation, des régimes démocratiques et des pratiques remarquables.

Des débats contradictoires et libres, des échanges où chaque personne avait droit à la parole pour exprimer sans crainte et sans contrainte sa pensée, son opinion, ses arguments, la palabre africaine en un mot, ont caractérisé certains régimes africains.

À la question de savoir par exemple : la démocratie est-elle une denrée exclusive à l'Occident et vers laquelle nous, Africains, n'avons qu'un seul droit : celui d'en mourir de rêve, d'aspiration, d'envie et d'appétit ?

Bacary Goudiaby, journaliste-poète sénégalais, tire une conclusion à travers les écrits d'illustres intellectuels noirs et européens comme Placide Temple, Cheikh Anta Diop, Obenga Théophile, en ces termes : « l'étude des régimes politiques africains révèle que la tradition politique n'étant pas homogène, qu'elle était riche et variée.

Elle montre, certes, qu'il y a eu en Afrique noire d'hier, comme ailleurs au monde, des régimes tyranniques ou despotiques.

Le royaume d'Abomey (capitale historique de l'ancien Dahomey), par exemple, est considéré par les spécialistes des systèmes politiques africains comme fournissant une bonne illustration du despotisme africain et constitue l'un des exemples les plus riches.

Toutefois, l'étude de ces mêmes régimes révèle aussi qu'il y a eu dans cette même Afrique des régimes démocratiques ou des pratiques démocratiques remarquables. Elle montre de manière frappante que l'aspiration constante vers les principes démocratiques de gouvernement apparait comme l'élément dominant du système politique négro-africain traditionnel, que le despotisme n'est pas du tout un mode ordinaire de gouvernement en Afrique noire traditionnelle »[3].

Plutôt que de nous référer à ces anciennes valeurs, nous nous imposons, pour faire plaisir aux anciens maîtres, cette « démocratie prêt-à-porter », qui ne tient éperdument pas compte de nos valeurs. Malheureusement, ils continuent à nous faire miroiter.

Pire, ils ont résumé cette notion en Afrique par la limitation du mandat des chefs d'État : l'alternance.

---

[3] Sur le www.diaspora221info.com, publié le 15 juin 2017.

En effet, la démocratie selon Abraham Lincoln, 16ème président des États-Unis : « c'est le pouvoir du peuple, par le peuple et pour le peuple », qui veut dire que tout dépend du peuple et non du vouloir des puissances impérialistes.

En clair, la limitation du mandat est certes un fait démocratique, mais elle n'est pas une condition absolue pour le progrès économique et social. Ce qui est important et qui est même le contenu essentiel de la démocratie, c'est le regard que porte le peuple sur ses dirigeants selon qu'il se retrouve ou pas dans la gestion de la chose publique. Tant qu'un président et son régime sont en harmonie avec leurs peuples, tant qu'ils bénéficient de leur confiance, la meilleure des choses à faire, c'est de ne les juger qu'à partir de leur bilan, leur rendement et non à travers le nombre de mandats ou d'années qu'ils ont ou doivent passer à la tête de leur pays. Si le peuple se sent bien, se reconnaît dans la gestion de la chose publique, c'est l'essentiel. Mais de là à aller fabriquer des dissidents juste parce qu'on ne veut plus de la tête de tel ou tel leader, peut avoir parfois des conséquences fâcheuses. Les cas libyens, ivoiriens et autres en sont des exemples illustratifs aujourd'hui. Après que l'acharnement occidental a eu raison des deux leaders d'alors, notamment le Colonel Mouammar Kadhafi et Saddam Hussein, aujourd'hui ces pays sont tombés dans un cycle infernal de violences.

Tout autrement, la limitation du mandat présidentiel à travers l'Afrique est une très bonne chose[4], mais qui ne doit pas être le contenu essentiel de notre démocratie, car le but de la démocratie n'est pas que l'alternance à la tête

[4] En effet, au vu de la façon dont les dirigeants africains cherchent à s'éterniser au pouvoir sans apporter aux populations le bien-être pour lequel ils ont été élus, une limitation du mandat pourrait permettre de soulager ces populations de leurs souffrances.

des États, mais c'est aussi et surtout le bien-être des populations, le développement en un mot.

La chancelière allemande est au pouvoir depuis 2003 ; elle est à son quatrième mandat aujourd'hui. Malgré tout cela, ce pays est considéré comme étant l'une des démocraties les mieux achevées en Europe, au monde. En France aussi, le mandat présidentiel n'a été limité constitutionnellement qu'à partir de 2002.

Les hommes politiques occidentaux doivent savoir, c'est que tant qu'il y aura l'instabilité politique en Afrique, au Maghreb, ils ne dormiront jamais paisiblement sur leurs oreillers. Le phénomène d'immigration ne fera que s'accentuer. L'Europe et l'Amérique n'y pourront rien malgré les moyens énormes mobilisés pour empêcher ce fléau.

Le fin mot de l'histoire est que nous souffrons tout simplement de notre croyance à tout ce que l'Occident nous propose ou nous dit ; on avale cela sans même chercher à comprendre si c'est bénéfique pour nous ou pas.

Une modernité à l'africaine, qui tient compte de nos valeurs sociétales, serait mieux.

Troisième voie : être attaché à nos valeurs traditionnelles

Noirs de par la peau, tourmentés dans l'esprit, perdus dans les valeurs étrangères humiliantes, voilà ce que nous sommes.

En Haute-Guinée par exemple, du côté de la Guinée, contrairement aux parents de la Guinée forestière qui ont su jumeler le christianisme et les divinités ancestrales comme la forêt sacrée, seuls les Donzos ont réussi à conserver leurs valeurs. Mais là aussi, ils sont diabolisés. Nos spiritualités, nos divinités ancestrales devraient être préservées.

Des gens se gênent de porter des prénoms du terroir comme Kéyan, Farankouma, Nassady, Makoto, Kolonkan, Sounoukoun, Kamba, Gnamakoro… On préfère donner des prénoms arabes et chrétiens à nos enfants.

Seule la Guinée-Forestière reste encore attachée à cette valeur en Guinée. Là au moins, les noms du terroir sont encore préservés et combinés avec ceux du Christianisme. Ils ne se gênent pas du tout, dans ce sens, et n'ont jamais abandonné cela.

Dans le nom « Fara Gilbert Kamano » par exemple, le premier « Fara » est le nom du terroir, qui signifie le quatrième fils et « Gilbert » est occidental, donc un nom de baptême chrétien. Il en est ainsi chez tous les Forestiers chrétiens en Guinée.

Paradoxalement, chez les Malinké, Peul et Soussou, les noms du terroir sont abandonnés au profit de ceux des Arabes.

Vous connaissez par exemple la valeur et la signification du tatouage dans la communauté Kissi ?

Contrairement à ceux qui disent qu'une telle pratique constitue une pure folie, elle est une manière de discipliner l'homme, de le rendre endurant et brave, de l'éduquer, mais aussi de le mettre sur le bon chemin et de lui permettre de savoir se comporter en société.

La société traditionnelle africaine est essentiellement une société cohérente et sociale.

Le sens de l'honneur, la bravoure, l'audace étaient des valeurs cardinales partagées et défendues par tous. Cela a disparu. Des fils africains se sont installés dans une sorte de métamorphose qui déshonore notre identité. Pourtant avant, rien n'égalait l'honneur et la famille. Pour les deux, les hommes pouvaient aller jusqu'à donner leur propre vie.

Les colas, symboles de bienveillance, du respect, qui occupaient hier une place importante dans nos us et coutumes, sont, pour faire part des cérémonies de mariage, de baptême et autres, remplacés aujourd'hui par les bonbons.

Également, le « Badenya » ou la traditionnelle solidarité si chère à notre vieille Afrique s'étiole progressivement. Elle est même en voie de disparition, car à la place, avec amertume, c'est l'individualisme béant de l'Occident qui émerge. Alors que la solidarité était une valeur cardinale de l'Afrique.

Le renforcement des tissus sociaux, l'amour du prochain, toutes ces valeurs cardinales nous échappent maintenant parce que la jalousie improductive et destructrice a pris le dessus sur le « Badenya ».

L'Afrique a connu de grandes civilisations, de riches villes artisanales et commerciales, des royaumes et empires prospères qui ont complètement disparu et dont restent, en témoignage, les ruines des grandes villes et les richesses artistiques des objets qui appartenaient à la classe dirigeante d'alors. Tout comme le dirait l'autre, le continent a connu de grandes révolutions.

Demandez au temps (considéré comme maître de tout ce qui se passe maintenant et demain), il vous répondra que la Charte de Kouroukan-Fouga fut la Constitution de l'empire mandingue. Il n'échappe à personne qu'en droit positif, malgré son oralité, cette Charte historique et emblématique de Kouroukan-Fouga, en plus d'être un chef d'œuvre en matière constitutionnelle, reste un génie collectif en termes de décentralisation du pouvoir politico-culturel, une des premières monarchies constitutionnelles en Afrique et dans le monde, pendant que l'Europe judéo-chrétienne baignait encore dans l'Absolutisme.

Le Mansa (l'empereur) Soundiata Keita présenta cette loi fondamentale de l'Empire bâtie autour de quarante-quatre articles en 1236, après la bataille de Kirina.

Cette constitution a été léguée de génération en génération et jalousement conservée par le biais de l'oralité par les griots ou Djely.

Pour rappel, Soundiata Keita fut le premier Empereur à nommer des femmes ministres dans le Gouvernement, cela, à un moment où ces dernières étaient reléguées au second rang en Occident.

Contrairement à ce qu'ils nous font croire donc, l'Afrique était en avance en matière de démocratie sur beaucoup de Pays européens. Cette Charte composée de 44 articles en est la preuve illustrative dont voici la quintessence :

I. De l'organisation sociale

Article 1er : la Société du grand Mandé est divisée ainsi qu'il suit :

- Seize (16) « Ton ta djon » ou porteurs de carquois ;
- Quatre (4) « Mansas » ou tribus princières ;
- Cinq (5) « Mori Kanda » ou classes de marabouts ;
- Quatre (4) classes de « Nyamakalas » ou classes de métiers

Chacun de ces groupes a une activité et un rôle spécifiques.

Article 2 : les « Nyamakalas » se doivent de dire la vérité aux chefs, d'être leurs conseillers et de défendre par le verbe les règles établies et l'ordre sur l'ensemble du royaume.

Article 3 : les « Morikanda » sont nos maîtres et nos éducateurs en islam. Tout le monde leur doit respect et considération.

Article 4 : la société est divisée en classes d'âge. À la tête de chacune d'elles est élu un chef. Sont de la même classe d'âge, les personnes (Hommes ou Femmes) nées au cours d'une période de trois années consécutives.

Les « Kangbè » (Classe intermédiaire entre les jeunes et les vieux) doivent participer à la prise des grandes décisions concernant la société.

Article 5 : chacun a le droit à la vie et à la préservation de son intégrité physique. En conséquence, tout acte attentatoire à la vie d'autrui est puni de la peine de mort.

Article 6 : pour gagner la bataille de la prospérité, il est institué le *« Konogbèn wolo »* (un mode de surveillance pour lutter contre la paresse et l'oisiveté).

Article 7 : il est institué entre les « Mandenkas, le Sanankuya » (cousinage à plaisanterie) et le « Tanamanyoya » (forme de totémisme).

En conséquence, aucun différend né entre ces groupes ne doit dégénérer, le respect de l'autre étant la règle.

Entre Beaux-frères et Belles-sœurs, entre grands-parents et petits-fils, la tolérance et le chahut doivent être le principe.

Article 8 : la Famille Keita est désignée famille régnante sur l'empire.

Article 9 : l'éducation des enfants incombe à l'ensemble de la société.

La puissance paternelle appartient par conséquent à tous.

Article 10 : adressons-nous mutuellement les condoléances.

Article 11 : quand votre femme ou votre enfant fuit, ne le poursuivez pas chez le voisin.

Article 12 : la succession étant patrilinéaire, ne donnez jamais le pouvoir à un fils tant qu'un seul de ses pères vit.

Ne donnez jamais le pouvoir à un mineur parce qu'il possède des biens.

Article 13 : n'offensez jamais les « Nyaras » (paroliers attitrés).

Article 14 : n'offensez jamais les femmes, nos mères

Article 15 : ne portez jamais la main sur une femme mariée avant d'avoir fait intervenir sans succès son mari.

Article 16 : en plus de leurs occupations quotidiennes, les femmes doivent être associées à tous nos gouvernements.

Article 17 : les mensonges qui ont vécu et résisté 40 ans doivent être considérés comme des vérités.

Article 18 : respectons le droit d'aînesse.

Article 19 : tout homme a deux beaux-parents : les parents de la Fille que l'on n'a pas eue et la parole qu'on a prononcée sans contrainte. On leur doit respect et considération.

Article 20 : ne maltraitez pas les esclaves, accordez-leur un jour de repos par semaine et faites en sorte qu'ils cessent le travail à des heures raisonnables. On est maître de l'esclave et non du sac qu'il porte.

Article 21 : ne poursuivez pas de vos assiduités les épouses : du chef, du voisin, du marabout, du féticheur, de l'ami et de l'associé.

Article 22 : la vanité est le signe de la faiblesse et l'humilité le signe de la grandeur.

Article 23 : ne vous trahissez jamais entre vous. Respectez la parole d'honneur.

Article 24 : ne faites jamais du tort aux étrangers.

Article 25 : le Chargé de mission ne risque rien au Mandé.

Article 26 : le taureau confié ne doit pas diriger le parc.

Article 27 : la jeune fille peut être donnée en mariage dès qu'elle est pubère, sans détermination d'âge. Le choix de ses parents doit être suivi, quel que soit le nombre des candidats.

Le jeune homme peut se marier à partir de 20 ans.

Article 28 : la dot est fixée à 3 bovins : un pour la fille, deux pour son père et mère.

Article 29 : le divorce est toléré pour l'une des causes ci-après :

- l'impuissance du mari ;
- la folie de l'un des conjoints ;
- l'incapacité du mari à assumer les obligations nées du mariage.

Le divorce doit être prononcé hors du village.

Article 30 : venons en aide à ceux qui en ont besoin.

Article 31 : respectons la parenté, le mariage et le voisinage.

Article 32 : tuez votre ennemi, ne l'humiliez pas.

Article 33 : dans les grandes assemblées, contentez-vous de vos légitimes représentants et tolérez-vous les uns les autres.

II. Des biens

Article 34 : il y a cinq façons d'acquérir la propriété : l'achat, la donation, l'échange, le travail et la succession. Toute autre forme sans témoignage probant est équivoque.

Article 35 : tout objet trouvé sans propriétaire connu ne devient propriété commune qu'au bout de 4 ans.

Article 36 : la quatrième mise bas d'une génisse confiée est la propriété du gardien.

Article 37 : un bovin doit être échangé contre quatre moutons ou quatre chèvres.

Article 38 : un œuf sur quatre est la propriété du gardien de la poule pondeuse.

Article 39 : assouvir sa faim n'est pas du vol si on n'emporte rien dans son sac ou sa poche.

III. De la préservation de la nature

Article 40 : la brousse est notre bien le plus précieux, chacun se doit de la protéger et de la préserver pour le bonheur de tous.

Article 41 : avant de mettre le feu à la brousse, ne regardez pas à terre, levez la tête en direction de la cime des arbres.

Article 42 : les animaux domestiques doivent être attachés au moment des cultures et libérés après les récoltes. Le chien, le chat, le canard et la volaille ne sont pas soumis à cette mesure.

IV. Dispositions finales

Article 43 : Balla Fassèkè KOUYATÉ est désigné grand chef des cérémonies et médiateur principal du mandéen. Il est autorisé à plaisanter avec toutes les tribus, en priorité avec la famille royale.

Article 44 : tous ceux qui enfreindront ces règles seront punis. Chacun est chargé de veiller à leur application sur l'ensemble du territoire impérial.

Les constitutions africaines devraient se servir de ces normes africaines comme bréviaire, car, elles sont faites en tenant compte de toutes les réalités auxquelles nous sommes souvent confrontés. Si nous nous amusons à analyser profondément certains articles de cette Charte, nous nous rendrons bel et bien compte que l'Afrique était en avance sur ceux qui veulent nous faire croire que la démocratie est leur fabrique, leur marque. En d'autres termes, cette Charte constitue l'une des preuves palpables et irréfutables que l'Afrique a toujours eu des esprits bien aiguisés qui, si on les met à contribution dans la gestion des situations, peuvent bel et bien nous sortir de l'ornière.

Le cousinage à plaisanterie ou le Sanakounya (article 7 de la Charte) a presque disparu de nos jours. Alors qu'avant, il jouait un rôle important dans les sociétés en termes de réconciliation et de renforcement des liens entre communautés, familles… Entre belle-sœur et beau-frère, par exemple, il n'y avait aucune limite ; c'était le chahut sans limite.

En ces temps, le matériel n'avait pas sa place.

Les questions des droits de l'homme et d'égalité furent prises en compte dans la Charte du Mandé, bien avant même la déclaration universelle des droits de l'homme de l'ONU. Pour preuve, l'article 5 de cette Charte nous dit : « chacun a droit à la vie et à la préservation de son intégrité physique. En conséquence, tout acte attentatoire à la vie d'autrui est puni de la peine de mort ».

L'article 15 aussi nous dit : « Ne portez jamais main sur une femme mariée avant d'avoir fait intervenir sans succès son mari ».

Aujourd'hui, les Blancs parlent de la protection, de la conservation de la faune et de la flore, de l'environnement, de l'écosystème, alors que depuis 1236, cela était l'une des préoccupations du Mandingue. Dans l'article 41 de la Charte de Kouroukan-Fouga, il est dit : « avant de mettre le feu à la brousse, ne regardez pas à terre, levez la tête en direction de la cime des arbres ».

Avant de s'installer à un endroit, nos ancêtres pensaient toujours aux mesures pouvant leur permettre de protéger l'environnement. Ils délimitaient, par exemple, les espaces autour des arbres précieux.

Au lieu de chercher à développer ces pratiques, on leur a tourné le dos. Et ce qui est souvent révoltant est que, derrière tout ce tintamarre, malgré l'agression dont font l'objet les forêts africaines, il n'y a aucune volonté réelle de réhabiliter après avoir déboisé. Pourtant, l'ampleur du déboisement est telle que si des dispositions ne sont pas prises, nous nous exposons gravement et continuellement à la réaction de la nature, car, trop fâcher la nature, elle finit par réagir. Ce qui explique beaucoup de calamités naturelles à travers l'Afrique.

Les crimes de guerre réprimés aujourd'hui par les organisations internationales étaient déjà réprimés au

Mandé depuis les années 1236. Pour preuve, l'article 32 nous dit : « tuez votre ennemi, ne l'humiliez pas ».

La vie du porteur de message était toujours épargnée, quel que soit le degré de divorce entre dirigeants, entre peuples. Si vous voulez, voici les bases du « Traité de Vienne ».

L'esprit civique existait et était défendu. L'article 30 : « Venons en aide à ceux qui en ont besoin ».

Dans les traditions mandingues tout comme dans beaucoup de sociétés africaines, ne pouvait aspirer au pouvoir qui le veut. Il y avait un certain nombre de conditions pré requis à remplir.

Ces quelques articles de la Charte de Kouroukan-Fouga prouvent avec éloquence que l'Afrique était très en avance dans beaucoup de domaines sur certains pays occidentaux.

Malheureusement, toute cette réalité a été niée par les politiques et les hommes publics occidentaux tels Nicolas Sarkozy qui, tout récemment a osé dire à la face de l'Afrique que cette dernière était moins présente dans l'histoire universelle, lors de l'une de ses sorties à l'Université Cheikh Anta Diop de Dakar. Une sortie qui, d'ailleurs, a suscité beaucoup d'indignation, mais aussi d'attaques de tous genres de la part de plusieurs intellectuels africains contre l'auteur de ces propos inadmissibles et provocateurs.

CHAPITRE III

L'apport de l'Afrique noire à la civilisation universelle

L'apport ici, est l'ensemble des contributions, qu'elles soient culturelles, anthropologiques ou scientifiques, de l'Afrique noire à la civilisation universelle.

Composée de quarante-huit pays avec une superficie estimée à 24. 265.000 kilomètres carrés, l'Afrique noire, habitée majoritairement par des populations à peau noire, est cette étendue subsaharienne du berceau de l'humanité au sud du Sahara, séparée des pays du nord par le climat rude du plus vaste désert du monde.

La civilisation universelle, selon Wikipédia, c'est la mise en commun à l'échelle mondiale des manières, valeurs, pratiques, croyances, et même des orientations.

L'apport de l'Afrique noire à la Civilisation universelle, est donc l'ensemble des contributions culturelles, anthropologiques ou scientifiques, de l'Afrique subsaharienne à la Civilisation universelle.

Assurément, la contribution de l'Afrique dans l'évolution de l'humanité, malgré les pensées négationnistes des européocentristes et la réécriture de l'histoire du continent par les explorateurs Arabes et Occidentaux, ne fait l'ombre d'aucun doute.

Elle est l'un des continents qui a produit les plus grands empires dont certains sont à l'origine de l'écriture, la Nubie (actuelle Éthiopie, région du Haut Nil).

Des anthropologues, historiens et sociologues de grande notoriété ont démontré cela à travers des recherches.

Lors de sa visite de l'Égypte dans les années 1780, le Philosophe français Le Comte de Volney affirma : « Penser que cette race d'hommes noirs, aujourd'hui notre esclave et l'objet de nos mépris, est celle-là même à qui nous devons nos arts, nos sciences et jusqu'à l'usage de la parole »[5].

Aussi, pendant le colloque d'égyptologie organisé par l'UNESCO au Caire en 1974, les investigations effectuées par Cheikh Anta Diop, montrèrent clairement que l'Égypte Antique qui fut, comme l'affirma l'historien grec Hérodote, source d'inspiration pour les Grecs de l'antiquité, était habitée par les Noirs.

En matière de culture par exemple, les legs de l'Afrique à la civilisation universelle sont immenses.

À ce sujet, le Prof Yao Assogba, sociologue canadien d'origine togolaise, affirme : « les arts nègres (masques, sculptures, statuettes, etc.) ramenés en Europe au XVe siècle par des explorateurs et des marchands ont été source d'inspiration pour l'illustre peintre cubiste Pablo Picasso. En effet, le cubisme est né de la statuaire nègre.

Ce sont les arts nègres également qui ont été à la base de l'inspiration du peintre espagnol. Des proches de Picasso ont attesté que celui-ci s'est référé à deux masques congolais pour figurer les visages d'Avignon. Au total, les masques d'Afrique noire ont influencé l'art de peindre et de Picasso et des autres peintres de cette nouvelle école… »

Par ailleurs, l'apport de l'Afrique au patrimoine scientifique et technologique n'est plus à démontrer.

---

[5] Cf. Volney. Œuvres, tome troisième, *voyage en Égypte et en Syrie, Considérations sur la guerre des Turcs*, éd. Fayard, 1799.

Dans « 'Nations Nègres et Culture » » le Professeur Cheick Anta Diop, en plus d'affirmer que les Égyptiens, d'origine africaine, ont initié Thalès, Platon, Pythagore, Eudoxe, Archimède, Eratosthène, etc., tous de grandes figures scientifiques, a aussi fait mention de la découverte d'une série d'équations numériques relatives à des éléments astronomiques ».

Ces révélations de ces illustres intellectuels ainsi que tant d'autres sont des preuves suffisamment éloquentes, qui traduisent l'inestimable contribution de l'Afrique à la civilisation universelle.

Contrairement donc aux dires de certains faisant croire aux gens que l'Afrique n'a rien inventé ni créé, le continent avait fait des progrès avant son contact avec le colon. Pour preuve, le bas-fourneau existait en Nubie bien avant la pénétration coloniale. C'est avec ça que les munitions et les poudres à canon étaient fabriquées.

Dans le domaine de la médecine aussi, la méthode de la ventouse considérée aujourd'hui comme étant une invention chinoise existait en Afrique sous une autre forme depuis des siècles. À ce moment, elle était rudimentaire. Les Africains utilisaient une corne pour aspirer le sang stagnant à la surface. Habituellement, quand les guerriers africains rentraient chez eux après une guerre, ils devaient vivre avec un chaman pendant trois mois pour les débarrasser de toute maladie mentale qu'ils pourraient éventuellement rencontrer par la suite. Cette méthode tout comme tant d'autres ont été perdues sous l'influence coloniale. Elles sont toutes aujourd'hui dans la grande forêt des souvenirs.

Mais le complexe d'infériorité face aux autres est ce handicap qui annihile les valeurs de ce genre et qui compromet nos sociétés ; nous les occultons délibérément, croyant qu'elles ne peuvent que nous apporter le retard. Alors que la réalité est tout autre. Avec ces valeurs, nous pouvons amener le continent vers l'émergence ; il suffit d'y croire et qu'on œuvre dans ce sens.

Qu'est-ce qui s'est réellement donc passé pour que nous oubliions tous ces acquis et valeurs pour nous aliéner, nous mettre sur un chemin qui n'est pas à notre avantage ?

Culturellement, linguistiquement, sociologiquement et économiquement, l'Afrique regorge de véritables potentialités.

Mais, comme nous n'avons pas confiance en nous-mêmes, nous rejetons souvent tout ce que nous avons, au profit des valeurs occidentales ; aujourd'hui, on veut nous faire croire que toutes ces notions ont été transportées de l'Occident vers l'Afrique. Alors qu'elles existaient bel et bien chez nous, en Afrique précoloniale, et même avant de rencontrer le monde arabo-musulman.

Mon intention n'est aucunement de dire que tout était aussi parfait en Afrique avant l'arrivée du colon. Mais la vérité est que l'Afrique était un continent où régnait une complicité parfaite entre les hommes d'une part et d'autre part où régnait une parfaite harmonie entre eux et la nature.

En résumé, tant que nous oublierons ces aspects et continuerons à rejeter, à enterrer nos valeurs au profit de celles occidentales, tant que nous imiterons aveuglément les autres au point de ne plus nous rappeler qui nous sommes, nous ne nous en sortirons jamais et continuerons à patauger dans ces vagues notions de développement et n'atteindrons guère le niveau escompté, car, les modèles de développement proposés ne cadrent souvent qu'avec les réalités occidentales et non celles africaines. Si des pays comme la Chine et autres ont pu gagner le pari du niveau de développement actuel, c'est parce qu'ils ont pu concilier leurs cultures avec celles occidentales. Cependant, ils n'ont jamais accepté de piétiner leurs valeurs dans la boue au bénéfice de celles occidentales comme nous le faisons ici en Afrique.

« Un Peuple sans culture est comme un arbre sans racines », nous enseigne Bruno Raya, musicien mauricien.

Effectivement, l'Afrique avait bel et bien de précieuses valeurs qui faisaient d'elle, un véritable paradis sur terre, lesquelles valeurs pourraient nous permettre d'amorcer un véritable décollage économique du continent. Il nous suffit juste de les adapter aux modèles de développement que nous proposent les autres.

D'ailleurs, la beauté du monde se trouve dans sa diversité culturelle.

Bergson disait un jour : « Quel genre de monde aurons-nous si ce monde s'empare de toute la race humaine, et, si les Peuples, au lieu d'avancer vers une diversité plus riche et plus harmonieuse, comme le font les individus, se confondent en une uniformité ? »[6].

Le constat est grincheux en Afrique. Nous perdons ; nous nous sommes déjà perdus ; il suffit juste que nous jetions un regard en arrière pour réaliser l'ampleur des dégâts de la mondialisation sur nos valeurs ancestrales, nos traditions que nos devanciers ont pourtant jalousement conservées pour nous, actuelles générations.

Pour récompenser les efforts que ceux-ci ont déployés pour construire toutes les valeurs faisant de l'Afrique une singularité durant des siècles et sur plusieurs générations, nous avons l'impérieux devoir de les préserver à notre tour afin que la chaîne de transmission ne se brise à notre niveau.

Chaque valeur culturelle piétinée et abandonnée est une partie importante de nous-mêmes que nous renions.

En effet, en Afrique, jadis, nous vivions en communauté dans les clans et les tribus qui obéissaient à des règles strictes. Autrement dit, il y avait une obéissance

---

[6] Publié par le site cafes-philo.org le 17 février 2011.

naturelle à la coutume. En outre, nous vivions paisiblement, respirions et mangions du pur naturel.

Même si nous vivions en de petits groupes dans le cadre des familles élargies, même si nous ne formions que de petits villages ou de petites villes, nous vivions bien et n'avions rien à envier aux autres ; nous ne connaissions ni ces histoires effrayantes de bombe atomique, ni pollution encore moins le terrorisme ; le réchauffement climatique, le commerce du sexe, l'extravagance dans le mode vestimentaire, l'individualisme, le mariage des gays, que sais-je encore ?

Les groupes sociaux avaient pour base les lignages, la religion, les associations. Les conflits aussi étaient réduits au maximum par l'absence de différences sociales. Brièvement, l'Afrique était fière de son altruisme. Comme le disait l'autre, nous étions bien chez nous et vivions en harmonie avec la nature. Certes, il n'y avait ni building, ni électricité, ni voiture, ni avion encore moins de train ; mais, nous vivions très bien et nous nous déplacions à pied, à cheval et autres.

Certains Africains ont poussé les limites de l'ignorance jusqu'à délimiter les cloisons traditionnelles entre la décence et ce qui est propre à la bête.

L'homosexualité qui, hier, était prohibée, rivalise aujourd'hui avec les bonnes pratiques. Par complaisance, des autorités africaines sont en voie de légaliser cette pratique qui n'est pas conforme à nos valeurs et mœurs. En un mot, pervertir nos valeurs est devenu le jeu favori de certains Africains.

La moralité a cédé la place à l'immoralité. Or, sans une dose de moralité dans les actes d'un homme, il s'assimile tout simplement à un animal.

Le monde africain actuel est devenu si « civilisé à l'occidentale » qu'il n'y a plus d'égards pour nos valeurs ancestrales, nos traditions pourtant piliers de notre existence. Sans ces valeurs, notre existence en tant que Noirs, n'a aucun sens.

Les jeunes Africains sont devenus si accros au mode de vie occidental qu'ils ne font même plus de distinction entre « civilisation » et « sauvagerie ». La nudité, hier sacrée en Afrique, est banalisée de nos jours ; il suffit juste de se promener sur le Net, sur les réseaux sociaux pour comprendre que le sexe et la nudité sont devenus des choses banales ; des images insolentes foisonnent sur ces plateformes de communication au vu et au su de tous. Des mères de famille, des pères de famille ne se préoccupent plus aujourd'hui du comportement de leurs enfants. Pour certains, c'est de la célébrité ! Alors qu'avant, de telles atteintes aux mœurs ne pouvaient passer sous silence et rester impunies. Et c'est au nom de la mondialisation que tout cela se fait.

Des hommes et femmes ont poussé leur mépris pour nos valeurs jusqu'à aller penser que la peau noire serait une malédiction dont il faut se débarrasser à tout prix. Ceux-ci s'enduisent le corps, nuit et jour, de pommades, se dépigmentent. Ils se livrent inconsciemment à de telles pratiques honteuses sans pour autant mesurer les inconvénients que cela peut avoir sur leur santé ; ils peuvent contracter des maladies comme le cancer de la peau et autres… Et si, par malheur, ils se retrouvent dans une situation où seule une intervention chirurgicale peut les sauver, la probabilité qu'ils décèdent souvent est très élevée, car, la peau noire jouant un rôle protecteur a été affaiblie, voire détruite par l'effet des produits cosmétiques. Pire, ils peuvent aller jusqu'à prendre des comprimés, des piqures juste pour se blanchir la peau et ressembler aux Blancs. Et ce qui est révoltant dans tout ça, c'est qu'après tout, ils ne deviennent pas des Blancs et ne sont plus des Noirs ; ils deviennent tout simplement des peaux lézardées, multicolores dont on sent l'odeur nauséabonde à distance, donnant même parfois l'envie de vomir.

Des perruques aussi sont utilisées par certaines africaines pour que leurs cheveux puissent ressembler à ceux des femmes blanches ; les cheveux noirs sont embêtants, il faut s'en débarrasser. Pourtant il n'y a pas plus joli, plus séduisant et plus respectueux que de voir une femme tressée à l'africaine. Et c'est dans ça que l'Africaine trouve sa personnalité, sa dignité, car, à beau mettre les perruques, elles ne seront jamais des Blanches. Au contraire, elles feront l'objet même de moquerie en mettant des perruques.

Triste, mais c'est aussi cela la réalité de l'Afrique. On trouve le mal partout dans nos manières de nous habiller, de parler, de manger… ; il faut tout abandonner, refaire tout et chercher à être ce que nous ne serons jamais.

Autrefois, les griots et les vieillards étaient les grands dépositaires de la sagesse africaine. De par leur expérience et leur ancienneté, ils détenaient les secrets et veillaient à la sauvegarde des traditions. Ils étaient écoutés et respectés.

La culture, c'est cet instrument qui permet aux autres de nous connaître, de nous découvrir, de mesurer notre dimension humaine, de nous apprécier. Elle est ce qu'est la carte d'identité, le passeport pour une personne. Quand des peuples se retrouvent, c'est à travers elle qu'on distingue, à vue d'œil, à travers les comportements, au-delà de la couleur de la peau, les uns des autres. Bref, notre culture est notre identité.

C'est dans ce sens que la musique était au service de la paix, de la réconciliation des peuples, du renforcement des tissus sociaux entre composantes d'une même nation, entre pays, etc.

Interrogez l'histoire et elle vous enseignera, par exemple, que dans un passé récent, la musique joua un rôle de premier plan dans la réconciliation de deux protagonistes en Afrique à savoir le Président malien d'alors, le Général Moussa Traoré et celui de la Haute-Volta, actuel Burkina Faso, le Général Sankoulé Lamizana, sous l'égide du responsable suprême de la révolution guinéenne en la personne du père de la nation, le président Ahmed Sékou Touré.

Pour rappel, un problème frontalier opposant les deux pays, le Mali et la Haute-Volta, voulut tourner au pire. Les deux réclamaient une même portion de terre et étaient entrés en guerre. Les évènements prenaient de l'ampleur et personne des deux ne voulait reculer. La situation devenait de plus en plus tendue.

Le Président Ahmed Sékou Touré, pour éviter le pire, invita les deux Chefs d'État à Conakry pour une mission de bons offices et d'issue heureuse à la crise. La rencontre eut lieu au Palais du Peuple en 1974.

Avant même que le Président ne prenne la parole, le griot à la voix magnifique, Sory Kandja Kouyaté, se leva et prit le micro. Il fit les louanges des deux Chefs d'État, leur rappelant l'histoire qui liait les deux hommes depuis le Mandingue, leur lien de parenté et l'intérêt qu'ils avaient à cultiver la paix.

Le griot sut tellement relater le récit, il sut tellement utiliser les mots pour parler de l'utilité de la paix et de l'entente, que les deux Chefs d'État se levèrent pour se serrer les mains. L'étincelle fut éteinte entre les deux Présidents. Ce qui marqua la fin de la crise, la hache de guerre fut enterrée aussitôt.

C'est dans cette dimension que la musique était appréciée en Afrique.

Aujourd'hui, très malheureusement, elle n'est plus ce qu'elle était. Elle est devenue autre chose. Au lieu d'éduquer, les artistes pour la plupart, poussent les jeunes sur des sentiers interdits, à la flatterie qui est à l'antipode de nos bonnes mœurs ; la dépravation de celles-ci est l'essence même de la musique de certains. Même nos propres dirigeants ont cessé de respecter le griot dans son rôle ; ce dernier aussi a oublié son devoir pour ses ambitions. De là, la confiance mutuelle est ébranlée.

Actuellement, ceux qui s'habillent de façon extravagante, qui chantent pour ne rien dire ou encouragent les jeunes sur cette voie de perdition, sont ceux-là mêmes qui sont aimés et chéris. Parfois, certains les imitent inconsciemment. Quand vous voyez d'autres dans la rue, à peine si ça ne frise pas la démence. Alors qu'avant, la musique transmettait la sagesse aux générations en relatant le passé glorieux des grands hommes ; elle conscientisait les jeunes, leur rappelant leurs devoirs vis-à-vis de leur nation. C'était la vraie sagesse.

Les griots ne faisaient d'ailleurs pas que chanter, ils transmettaient des messages bénéfiques pour les communautés et réconciliateurs dans leurs chansons.

Les titres emblématiques « Koulandjan » du célèbre griot Sory Kandiata Kouyaté, « Nama », « Mandjou » des artistes maliens Kassé Mady et Salif Keita en sont des exemples illustratifs.

Dans ces trois chansons, la bravoure des grands hommes est magnifiée pour inciter les nouvelles générations à s'inspirer de ces hommes.

« Gnarigbassa » et « Djandjo » aussi, étaient des morceaux sacrés, dédiés uniquement aux hommes de valeur, notamment ceux qui détenaient le savoir et les sciences occultes. N'importe qui ne les dansait pas. Il faut être initié pour les danser.

Des artistes ont poussé les limites de la stupidité jusqu'à délimiter les cloisons traditionnelles entre sagesse et balourdise. Certains, parmi eux, ne se gênent même pas d'aligner des injures et autres messages ou propos pervers dans leurs chansons. L'essentiel chez eux, c'est de chanter tout simplement ; peu importe le message livré ; ils s'en foutent qu'ils écorchent nos mœurs à travers ces mauvaises manières. Pire, les critiques des gens leur glissent sur la peau.

En matière de religion ou de culture, les griots étaient intermédiaires entre les ancêtres et leur communauté. Les grands problèmes de la communauté sont discutés et réglés chez le plus ancien du village. Sur le plan culturel, ils nous enseignaient nos traditions, nos coutumes, nos mœurs.

Sur le plan scientifique, ils savaient faire le choix des cultures conformes à la qualité du sol en cas d'inondation ou de sècheresse.

Aujourd'hui il est donc devenu impérieux de reconstituer le patrimoine africain afin de capitaliser les savoirs et techniques qui sont les nôtres. Les connaissances endogènes de l'Afrique en rapport avec les sols, la médecine, la biodiversité, la nutrition doivent être dépoussiérées et disséminées à travers le continent[7]. Depuis que le Blanc a foulé nos terres et que notre civilisation est passée du port des grands boubous et autres habits traditionnels, au port des vestes ; depuis que les veillées villageoises ont cédé la place au petit écran et aux bals poussières et night-clubs, les choses ont changé et ne cessent de changer chaque jour. Rien n'est plus comme avant ; les bonnes manières ont claqué la porte. Plus rien ne reste de ces valeurs. Nos cultures sont en proie à la déperdition. Les traditions africaines souffrent de leur abandon tout simplement par leurs propres fils.

Chaque jour que Dieu fait, nous nous écartons de nos valeurs, de nous-mêmes, nous nous enfonçons de plus en

---

[7] Nous saluons à ce propos l'initiative de quelques chercheurs africains qui ont réussi à établir une sorte de glossaire des termes scientifiques et techniques africains employés en matière de méthodes endogènes de conservation de graines, de sciences vétérinaires, de botanique, etc. ce n'est qu'un début, mais c'est déjà formidable.

plus dans le puits de la perdition sans en mesurer les séquelles que cela peut avoir sur nous et nos progénitures. Les précieuses valeurs qui faisaient de l'Afrique ce qu'elle était, une terre d'amour, de tolérance, où il faisait bon vivre, ont foutu le camp et ne sont plus que de lointains souvenirs. Plus rien n'est comme avant et ne le sera. Tout a changé. Les enfants n'ont plus d'égard pour leurs parents, les femmes, au nom de l'égalité, prennent leurs maris pour leurs égaux et les maris n'ont point de respect pour leurs femmes, alors qu'auparavant, les femmes se mettaient en génuflexion pour saluer ou donner de l'eau à leur mari. Certaines se mettaient à croupetons... Les féministes me diront tout de suite que c'était de l'esclavage. Non, très loin de là. C'était la traduction éloquente chez la femme qu'elle avait reçu une bonne éducation et était issue d'une famille noble.

Le père, la mère, les enfants se permettent de prendre leur bain ensemble à moitié nu.

Oui, toutes les bonnes manières qui caractérisaient ce beau continent ont été oubliées ; une fille peut présenter son copain à ses parents et ils peuvent même s'embrasser devant eux. Oui, depuis que ce soleil du Blanc se pointa à l'horizon en Afrique, plus rien ne se passe comme au bon vieux temps de nos grands-parents. Il faut s'habiller comme le Blanc, parler comme lui et plier nos valeurs à la volonté des leurs... voilà comment ça fonctionne dorénavant.

CHAPITRE IV

La mondialisation en Afrique

Avec une superficie de 30 millions quatre cent quinze mille huit cent soixante-treize (30.415.873) Kilomètres carrés, l'Afrique est une région extrêmement variée avec 54 États diversifiés du Nord au Sud et d'Est en Ouest, représentant plus d'un milliard d'habitants, dont 66 à 70 % ont moins de 25 ans.

Comme l'affirme le Professeur Wa Kabila Loth Alitnoti dans son Mémoire intitulé « 'Impact de la mondialisation au développement des états africains » » université de Kalemie Graduat 2012, l'Afrique est bien au cœur de la mondialisation, mais une mondialisation inégale, subie plutôt que choisie.

Mais, qu'est-ce que la mondialisation ? Et comment se manifeste-t-elle en Afrique ?

La mondialisation est un phénomène d'ouverture des économies nationales sur le marché mondial, entrainant une interdépendance croissante des pays. En d'autres termes, c'est la libre circulation des marchandises, des capitaux, des services, des personnes, des techniques et de l'information.

Elle se manifeste en Afrique à travers :

— l'aggravation de l'hypertrophie du secteur primaire à travers les subventions accordées aux agriculteurs et fermiers du nord.

— l'anéantissement de l'Afrique dans le commerce mondial en mettant en concurrence des produits n'ayant pas les mêmes avantages fiscaux, douaniers, etc. ;

— le transfert massif de la technique et la rétention de la technologie ;

— un contrôle strict sur les capitaux, leur mouvement, etc. ;

— l'obligation d'accepter des OGM (Organes génétiquement modifiés) et clonages ;

— le droit d'ingérence humanitaire qui est en réalité politique.

Le plus grave, c'est l'obligation de parler les langues coloniales dans toutes les Institutions internationales et de souscrire à des droits dits de la quatrième génération comme LGBT (Lesbiennes, Gays, Bisexuels et transgenres), contraires à nos valeurs traditionnelles.

Présentant l'Occident comme un eldorado de bonheur et de paix et l'Afrique sous sa face la plus hideuse à travers l'abattage médiatique, les médias occidentaux encouragent l'exode massif des jeunes et des cerveaux, vidant ainsi le continent de ses bras valides.

Le contact de l'Afrique avec les autres mondes lui a certes parmi d'enrichir ses cultures, mais, à vrai dire, la globalisation n'a pas que des effets positifs sur les modes de vie des peuples africains. Elle contribue aussi à laminer et à fouler au sol nos valeurs sociétales les plus précieuses.

En plus de nous contraindre à manger des interdits dans nos traditions, à nous soumettre aux libertés mortelles pour un Africain, comme les mariages entre des personnes de même sexe par exemple, elle veut libéraliser la culture au point d'en faire un objet de commerce.

Tel un virus, la mondialisation a tout ravagé sur son passage en Afrique.

Autrefois, l'enfant était l'enfant de tout le monde. Il était l'enfant de toute la communauté, et son éducation était l'affaire de tous. Un inconnu pouvait le corriger. Porter la main sur l'enfant d'autrui en ce moment pour le redresser peut vous coûter de la prison.

Les enfants de même tranche d'âges marchaient ensemble et bénéficiaient des mêmes éducations au cours desquelles, les liens de brassage étaient renforcés. En plus, le respect vis-à-vis des parents était le fondement essentiel de l'éducation africaine. L'enfant savait dès le bas âge que chaque larme de ses parents due à sa mauvaise conduite était une malédiction qui lui fermera à jamais toutes les portes menant au bonheur réel, qui l'empêchera de casser même un œuf. L'enfant cherchait la bénédiction de ses parents, car sa réussite et/ou son échec dépendent d'eux.

La bénédiction ne se sent pas sur le corps de l'homme comme il ressent le vent. Elle s'observe dans les faits. Quand c'est un maudit, tout ce qu'il entreprend, il l'échoue. Mais quand c'est un béni, il le réussit, même quand il entreprend de vendre des déchets. Et la clé de cette bénédiction est entre les mains de la mère. C'est pourquoi avant, l'enfant ne blaguait pas avec elle.

Cette idée était ancrée dans la tête des gens dès le bas âge. En outre, le caractère sacré des liens du sang était connu de tous. Des frères se défendaient au prix même de leur vie. Quelle que soit la situation, ces liens n'étaient jamais rompus et étaient respectés.

Par ailleurs, l'enfant avait plus peur des parents de son père, de sa mère que de ceux qui l'ont mis au monde. L'éducation existait. Rien de honteux aux parents, rien dont ils pourraient avoir honte, ainsi étaient formatés les esprits des enfants.

Mais aujourd'hui, les enfants s'en fichent éperdument de toutes ces valeurs. Celui qui n'est pas ton enfant ne peut te respecter. On voit, par les temps qui courent, dans les cérémonies, dans les rencontres, des enfants gaillardement assis quand les plus âgés, n'ont pas où s'asseoir. Pire, ils ne s'en gênent même pas. L'enfant ne fixait pas les vieux dans les yeux en leur parlant, ne leur parlait pas aussi à haute voix. Bref ! L'éducation était le véritable héritage que les parents laissaient à leurs enfants.

Pire, dans notre monde actuel, les personnes âgées ne bénéficient plus de la même attention, de la même considération que dans les temps passés. Elles sont abandonnées à elles-mêmes.

Dans les cases à palabre se trouvait toute la noblesse de la sagesse africaine.

Les sages, jadis, faisaient des analyses pointues et sans complaisance parce qu'ils pensaient à leur crédibilité. Ils ne connaissaient pas les effets de la corruption morale et jouaient un rôle important dans la société. Ils jouaient pleinement leur rôle de conciliateurs, de sensibilisateurs, de défenseurs des nobles valeurs, de rassembleurs et refusaient ce qui pouvait aller contre la paix et l'intérêt supérieur de la communauté.

Mais depuis que nos cultures ont ouvert toutes leurs portes aux autres, depuis que l'esprit de communauté et du rejet des autres est né chez l'Africain, depuis que les fondements de nos sociétés se sont occidentalisés, « le moi égoïste », le communautarisme, les débats aux relents ethniques ont pris le contrôle des cerveaux. L'effet pervers de la mondialisation est tel que les sages se livrent à la magouille, se battent pour leurs intérêts et n'hésitent pas à attiser des tensions entre communautés, entre populations, juste pour se faire une place dorée au soleil.

Présentement, tout est à l'envers. L'âge et les cheveux blancs ne sont plus considérés. Les enfants ne respectent plus les anciens, les parents ne consacrent plus suffisamment de temps pour l'éducation de leurs enfants. Tout le monde est pris par le boulot, par « le diayananko »[8]. Tout le monde est pressé à la vitesse de

[8] Le plaisir, ce qui plait, mais qui n'est pas à l'avantage

l'éclair. Le temps, c'est de l'argent et « gnagba »[9]. Rien n'est plus important que le temps dans ce monde actuel.

Un vieux dicton nous enseigne à cet effet : « Aussi longtemps que restera un bois mort dans l'eau, il ne deviendra jamais un caïman ».

Dans le passé, nous mangions à la main, sans gêne, mais aujourd'hui, manger de la sorte dans un restaurant, attire l'attention des gens, alors que le Chinois lui, malgré le niveau atteint dans le développement, ne se gêne pas de manger avec ses baguettes partout où il se retrouve à travers le monde. Chez eux, le nationalisme, l'amour, des valeurs culturelles du Pays sont inculqués dès le bas âge. En d'autres termes, le Chinois, contrairement à nous, est fier de lui-même, de ses traditions. Et quant à nous, nous brillons dans la complaisance à être comme l'autre.

Nous mangions en groupe dans un même plat, buvions dans un même gobelet, ce qui créait et renforçait les liens, le sentiment entre nous. Cette valeur renforçait l'amour entre parents. Maintenant, c'est chacun son assiette, sa cuillère, sa tasse, etc. Chacun mange seul dans son assiette.

Aujourd'hui, même si on a du mal à se servir d'une fourchette, d'une cuillère au restaurant, pour ne pas être la risée publique, il faut s'efforcer et faire comme les autres. Même s'il faut manger comme un lépreux, il faut le faire. Il faut être dans le temps comme le dirait l'autre, même si ce temps fâche parfois nos valeurs.

Des filles marchent comme des lépreuses aujourd'hui sur des chaussures, cela, juste pour ne pas être à la traîne de « leur civilisation ». Ah oui ! Être dans le temps est si important aux yeux des générations actuelles, qu'elles foulent au pied, tout ce qu'on a de valeureux ici, alors que nous avons les habillements traditionnels que nous pouvons valoriser et porter avec fierté partout.

Notre manger détermine notre santé.

---

[9] La souffrance, la misère

Hier, certaines maladies comme le diabète, la tension artérielle, les arrêts cardiaques ou autres AVC, étaient méconnues en Afrique pour ne pas dire qu'elles n'existaient presque pas. Mais depuis que les poudres de « Soumbara »[10] cédèrent la place aux bouillons et autres ingrédients importés, toutes les maladies se sont donné rendez-vous en Afrique. Tout le monde est fragile maintenant. Alors qu'avant, les gens étaient résistants et tombaient difficilement malades.

En clair, nos grands-parents se nourrissaient des produits purement naturels. Mais de nos jours, c'est des produits manufacturés qui constituent l'essentiel de l'alimentation des populations, sources de toutes sortes de maladies que nous connaissons aujourd'hui. On ne mangeait que du naturel ou « bio » en ce temps-là.

Des gens préfèrent aujourd'hui d'autres huiles que l'huile rouge. Pourtant, cette dernière a des valeurs thérapeutiques inestimables.

L'huile de « Kobi »[11], une huile très amère, était utilisée dans le cadre du massage de corps. Cette huile a la même valeur que certaines crèmes pharmaceutiques qu'on utilise aujourd'hui pour lutter contre la fatigue.

En plus, quand on s'enduisait le corps avec, elle empêchait certains insectes de piquer, de se poser sur votre corps.

Comme si toutes ces maltraitances infligées à nos valeurs ne suffisaient pas, aujourd'hui, la télévision a pris la place des parents dans l'éducation des enfants. Plus de veillées dans les villages. Partout, c'est le petit écran et, à

---

[10] Une subsistance tirée du Néré utilisée dans la cuisine traditionnelle comme arôme

[11] Un arbre dont la transformation des fruits donne le beurre de Kobi à l'image du beurre de Karité ayant des vertus thérapeutiques utilisées dans le traitement de certaines maladies comme les acnés et les otites. Ce beurre est aussi utilisé comme pommade pour le corps.

travers lui, l'enfant apprend plus de la culture du Blanc qu'il n'apprend sur lui-même, sur sa communauté, sur son histoire. Grâce à l'écran, certains peuvent parler des pays occidentaux jusqu'à aller citer les poissons de leurs eaux sans pourtant y avoir été un seul jour. Ces leçons, ils les apprennent avec fierté et ne manquent de se targuer souvent de les avoir apprises avec affection. Pour les épingler, il suffit juste de leur poser des questions, concernant leur pays, leur histoire, leur origine, ils ne vous répondront jamais avec satisfaction. Ils vous répondront même avec mépris. J'ai vu des enfants parler de la Première et de la Seconde Guerre mondiale, de la Révolution française et celle américaine, des figures emblématiques de ces étapes importantes, décisives et instructives dans la vie de ces nations… comme s'ils y avaient participé. Même les catégories d'armes qui furent utilisées, ils les retiennent. D'autres connaissent même les coins et recoins de ces mondes sans pourtant y avoir mis les pieds un seul jour de leur vie. Ils n'ont appris tout ça qu'à travers le petit écran, les livres, les nouvelles technologies.

Des noms des écrivains, peintres, philosophes occidentaux, ils les retiennent par cœur. Malheureusement, quand on leur demande de parler des résistants et écrivains africains, ils en sont souvent incapables. Pour ces assimilés et aliénés culturels, il n'y a de meilleur à connaître que tout ce qui a trait à l'Occident, estiment cyniquement certains, méprisant ainsi nos valeurs au point d'y voir les péchés d'Israël partout. D'où l'impérieuse nécessité d'adapter nos programmes scolaires.

Le taux de violences, de délinquance en Afrique va crescendo. Ce qui s'explique par le fait que les jeunes épousent tout ce qu'ils voient à la télé et le traduisent à travers des actes concrets.

Nos civilisations sont agressées, invectivées à longueur de journée par des ONG au nom des droits de l'homme.

Des criminels qui ôtent la vie à d'autres citoyens sont défendus et la peine de mort est presque abolie partout sur le continent. On se contente juste de la sentence de prison à perpétuité. Et ceux qui ont les moyens, après quelque temps, passent par la corruption pour faire sortir de prisons ces délinquants.

Où est honnêtement l'égalité quand une personne, en pleine jouissance de ses facultés mentales et physiques, se permet délibérément d'ôter la vie à d'autres citoyens ? Au lieu de la tuer elle aussi après jugement, on se contente juste de la condamner à la prison à vie ou perpétuité, jusqu'à ce qu'elle meure de sa belle mort !

La seule douleur que celui-là peut ressentir est le fait qu'il est privé de sa liberté, pendant que la personne tuée a été privée de sa vie et souvent de façon crapuleuse. Peut-on dire qu'il y a un traitement égal à ce niveau ? Ou, celui qui est mort n'avait-il pas droit à la vie ?

Cependant, dans l'Afrique d'avant, quiconque tuait était tué après avoir été jugé et reconnu coupable. En ce temps, une âme n'avait d'équivalent qu'une âme. Ce qui faisait que le taux de criminalité était très faible, car, quand on tient à sa vie, on épargnera celle des autres.

L'insolence et l'extravagance dans l'habillement, dans la manière de prononcer les mots, de regarder et même de marcher, battent leur plein et constituent même les caractéristiques fondamentales des générations de notre époque. Certains ne font pas de différence entre ce qu'ils voient à la télé et ce qui se passe dans ces Pays. Le plus important pour eux, c'est de tout simplement faire comme l'Occident et ils s'en fichent éperdument des retombées négatives que cela pourrait avoir sur nos traditions et sur nos valeurs ancestrales.

Les gens n'ont plus pitié, le sentiment est devenu orphelin, abandonné et n'existe presque pas dans certaines sociétés africaines maintenant. Le capitalisme est là et chacun mange à la sueur de son front. Certains ont le visage couvert d'un océan de sueur et, malgré cela, ne mangent pas. Chacun pour soi, Dieu pour tous est le mode de vie actuel. Alors que dans les temps passés, nous vivions en communautés et dans lesquelles tout se partageait, personne ne mourait de faim devant l'autre et la mendicité n'existait pas.

Mais aujourd'hui, au moment où certains jettent le reste de leur nourriture, d'autres n'ont point un grain à se mettre sous la dent ; ils meurent de faim. Plus d'humanisme ! Partout, ce n'est plus la valeur de l'homme qui est vue, mais plutôt, la profondeur de sa poche. Plus la poche est profonde et mieux garnie, plus elle vous attire le monde et le respect des autres. Pour ainsi dire, l'argent a pris le contrôle des cerveaux et dorénavant, les conditionne. Plus rien à attendre de l'humanisme. Au lieu que l'homme se serve de l'argent, aujourd'hui, c'est l'argent qui se sert de nous et fait de nous ce qu'il veut.

Certains pères et mères de famille n'hésitent pas aujourd'hui à vendre leurs enfants, les offrir aux esprits à travers des rituels juste pour avoir de l'argent.

Demain, l'au-delà ?

Ce n'est point leur préoccupation, pourvu qu'ils aient de l'argent en ce bas monde. Quel que soit le prix à payer pour y arriver, ils sont déterminés et ne reculent devant rien. Pourtant, dans les temps passés, l'homme passait avant l'argent, la vie de l'être humain était sacrée. Malheureusement, la colonisation est venue avec l'impérialisme, une course effrénée pour l'argent est ouverte, et l'être humain n'a plus la valeur qu'il avait ; il passe au second plan.

La fuite des cerveaux bat son plein. C'est la course effrénée au bien-être personnel et la Nation compte peu. Les intérêts individuels priment sur ceux de la Nation. Personne ne veut se sacrifier pour la Partie.

Certains diront tout de suite que c'est parce que les États africains ne leur créent pas toutes les conditions qui leur permettent de rester chez eux afin de mettre leurs savoirs à la disposition de leur pays. Comme le disait une autre sagesse africaine : « aucun sacrifice n'est vain ni grand quand c'est fait pour la Nation ».

Combien de jeunes de notre époque connaissent l'histoire de leurs origines, de leur lignée ? Combien peuvent citer trois de leurs aïeux ? Combien peuvent parler de leur pays, parler de sa végétation, de son climat et autres ?

Sur le plan éducatif, nous étions éduqués autour du feu à travers des contes, des proverbes, des chants, des légendes… Ainsi, avant le petit écran, c'était cette vieille femme, cette maman ou ce vieil homme assis et entouré de ses petits-enfants autour du feu qui contait de belles histoires. À travers les contes et légendes, les valeurs indispensables pour la vie étaient inculquées à l'enfant. Dans un conte où l'on parle de l'arrogance par exemple, ils inculquaient aux enfants les inconvénients de ce mauvais comportement. Le temps du travail était bien indiqué c'est-à-dire le jour, les nuits n'étaient réservées que pour se distraire et écouter les contes, les jours plutôt pour travailler dur.

Un exemple de conte : un enfant était arrogant au point que tout le village le haïssait.

Un jour, une vieille ayant remarqué cela, l'appela chez elle, nuitamment, pour lui prodiguer des conseils. Elle lui raconta un récit qui, en réalité, n'était qu'un simple conte, mais, sans lui dire cela. Elle commença :

« Il était une fois un roi très redouté qui avait une fille très arrogante. Elle s'en prenait, sans hésitation aucune, à tout le monde mine de rien. Tout le monde la craignait à cause du roi. Un matin, elle alla, accompagnée des sofas, se promener. Elle arriva au bord d'un marigot où une diablesse faisait sa lessive sans déranger personne. Tout juste à la rive, elle avait deux calebasses posées et lavait tranquillement ses habits. Brusquement, la princesse N'Nah Marama lui demanda de se prosterner pour la saluer. Sans lui donner le temps de lui répondre, l'arrogante donna un coup de pied à la première calebasse contenant des pièces d'argent. Puis, un deuxième coup à la deuxième qui, elle, contenait de l'or. La diablesse ne bougea ni ne manifesta de la colère. L'arrogante poussa le bouchon trop loin en infligeant une paire de gifles à la diablesse pour ne lui avoir pas répondu. Celle-ci ne pouvant plus continuer à subir injustement les dérives de cette fille qui ne pouvait être que sa cadette, lui rendit violemment la monnaie en la giflant aussi ; la princesse tomba en syncope. Ses gardes la prirent et l'envoyèrent au village.

Arrivée au palais de son père, elle reprit conscience. Le roi, son père, lui demanda ce qui s'était passé. Elle s'expliqua. Furieux, sans chercher à trop comprendre, le roi envoya ses sofas les plus craints à la recherche de cette audacieuse qui avait porté la main sur sa fille chérie. Arrivés au marigot, les sofas chantèrent en chœur : "N'nah Marama té djon di ka ? N'Nah Marama té dion di ka ? Djon dé ka N'nah Marama té djan ?" qui littéralement veut dire : "N'nah Marama n'est pas une esclave non ? Qui a frappé N'Nah Marama ici ?".

La diablesse répondit : "N'Nah Marama té, n'délé ka N'Nah Marama té djan" ou "C'est moi qui ai frappé N'Nah Marama ici".

Elle continue : "N'Nah Marama ka wodigbè fèni tin N'démakouma ; N'Nah Marama ka sanifèni tin, n'démakouma", "N'Nah Marama a cassé ma calebasse d'argent, je n'ai rien dit. Elle a cassé ma calebasse d'or, je n'ai rien dit", elle renchérit : "Faa té bila Mansa fila den doo ko adikèsangblama den", "La folie d'un enfant de deux chefs ne doit le conduire à affronter l'enfant d'un diable", "N'dé mourou toutou, N'démara tata tin tchobatatin tchobata".

De gros bruits et elle continua tranquillement à faire sa lessive comme si de rien n'était. Incroyablement, ses cheveux dansèrent au rythme de ce chant. Et les sofas prirent peur aussitôt. Ils partirent sur-le-champ et allèrent parler au roi de l'arrogance de sa fille et de ce qu'ils ont vu de leurs yeux. Le roi comprit que sa fille s'était attaquée à un être maléfique. Il envoya le plus grand féticheur de son royaume pour voir l'état de sa fille. Celui-ci trouva que le sort jeté à la fille du roi était plus fort que lui. Il expliqua cela au roi et demanda la route pour ne pas subir les foudres du génie.

Des jours passèrent. Et la fille tomba gravement malade. Elle ne se releva pas de cette maladie. Le roi fit tout, mais le mauvais sort lancé à sa fille a fini par avoir raison d'elle ».

Sagement assis, une frayeur s'empara du jeune après avoir entendu ce récit. Il promit à la vieille de ne plus se comporter ainsi prochainement. Comme il faisait tard, il prit congé de la vieille et rentra chez lui.

Des jours se sont écoulés, il changea. Finalement, comme promis à la vieille, il changea en un temps record et devint un enfant exemplaire au village. Tout le monde se demandait ce qui l'avait fait changer aussi brusquement.

Une façon de dire que les contes et légendes étaient de vrais leviers qui jouaient un rôle de premier plan dans l'éducation des enfants.

En outre, des maîtres de la parole, notamment les griots contribuaient aussi à l'éducation des enfants ; lors des veillées villageoises, ils transmettaient toutes les valeurs organisationnelles de nos sociétés aux nouvelles générations pour ne pas que celles-ci oublient nos sources.

Malheureusement, nous sommes perdus depuis que nous avons décidé de couper le cordon avec nos ancêtres, avec notre passé. Nous avons abandonné, bafoué nos valeurs au profit de celles que nous ne maîtrisons pas ni ne maîtriserons un jour. Pire, celles-ci ne sont pas les nôtres et ne les seront guère.

Les périodes d'excision et de circoncision dans la forêt, autrefois, étaient des moments que des communautés mettaient à profit pour inculquer les bonnes manières aux enfants, leur apprendre à vivre à l'écart des parents et à l'endurance. Il n'y avait de meilleur endroit à cet effet que la forêt sacrée ou le « fouka ».

Dans cette forêt sacrée, loin du regard parental, on leur enseignait aussi la médecine (toutes les plantes qui pouvaient guérir étaient montrées aux enfants pendant l'initiation afin qu'ils s'en servent un jour, en cas de besoin). Avant qu'ils ne sortent de cet endroit sacré, ils maîtrisaient parfaitement les noms des plantes et des maladies qu'elles peuvent soigner. Les sciences occultes qui pouvaient être mises positivement au service du peuple leur étaient enseignées. Tout cela se passait sous l'œil vigilant et correcteur du « Sema »[12].

Le matin, très tôt, une grande cérémonie était organisée à cet effet pour le départ des futurs hommes dans la forêt sacrée. Arrivés là, il n'y avait pas d'anesthésie sinon que le « soromougou »[13], la cola. On vous donnait une noix de cola qui était placée entre les dents pour vous empêcher de crier.

Durant donc tout le temps que les circoncis passaient dans cette forêt sacrée, ils étaient initiés à la vie, ainsi qu'à ses éventuelles vicissitudes. Les bonnes valeurs leur

---

[12] Terrain plat dans la brousse où sont envoyés les enfants pour être circoncis ou excisées.

[13] Plante acide dans la savane guinéenne servant à cicatriser les plaies des circoncis.

étaient inculquées. Je me souviens de mon passage à la forêt sacrée. Là-bas, en plus des règles de bonne conduite, on apprenait aussi à l'enfant les secrets permettant de dominer la douleur. Ils sortaient de cet endroit en hommes pouvant faire face à toutes les épreuves difficiles de la vie.

L'excision, venons-en !

En effet, l'excision était considérée comme un rite d'initiation et de passage à l'âge adulte, obligatoire pour la femme aussi. Ceci, avant le mariage, afin de la rendre pure à son mari. Aujourd'hui, cette pratique est rebutée. Des critiques amères fusent de partout pour la condamner. La pression des institutions luttant contre cette pratique est énorme.

Les défenseurs de l'interdiction de cette tradition situent les raisons dans les superstitions qui seraient ancrées dans les communautés, alors que nos mères, nos grands-mères sont passées par là sans que cela n'impacte négativement sur le taux de natalité en Afrique comme certains nous font croire… Si l'ablation du clitoris peut être critiquée, mais à côté nous perdons un aspect important qu'est la période où était enseignée l'éducation sexuelle aux jeunes filles, c'est-à-dire les comportements à tenir en tant que futures épouses.

C'est un vrai pan qui risque de partir en fumée et vis-à-vis duquel aucune autre alternative n'est proposée lors de ces vrais semblants dépôts de couteaux d'excision.

Je ne dis pas que l'interdiction de cette pratique est une mauvaise chose, mais je dis tout simplement qu'on pouvait procéder autrement, sans créer un vide. En d'autres termes, on ne devrait pas utiliser des mesures draconiennes contre les femmes qui se livrent à ça, comme c'est le cas actuellement dans certains Pays africains. Ça devrait aller de pair avec l'éducation reçue par les gens.

Hélas, toutes ces belles valeurs ont disparu. L'Hôpital a pris la place de la forêt sacrée. Et là, on se contente tout simplement de circoncire le bébé. Le reste revient à sa famille. Et si l'enfant a la malchance de tomber sur des parents qui ne sortent et ne rentrent que tard, le petit écran s'occupera de son éducation.

Le sexe était un tabou auparavant, cela lui donnait tout son sens et toute sa valeur. Mais depuis que la mondialisation a frappé à nos portes, les tabous sont au soleil et ont perdu leur caractère sacré. La pratique des relations sexuelles en pleine rue, sous le regard des gens, n'a rien de mauvais actuellement. Les filles marchent à moitié nues et sont fières de ça. La dignité de la femme est bafouée et malmenée[14]. C'est aussi cela « la mode ». Impensable, mais vrai.

L'alcool, la drogue, l'oisiveté, les vices sont devenus les ornements de certains jeunes. Les adultes non plus ne se cachent pas des enfants quand ils font des choses qui blessent nos valeurs. Pire, ils partagent les mêmes endroits de prostitution… Tandis qu'avant, même pour prendre du simple vin blanc, les adultes se cachaient des enfants pour ne pas que ceux-ci les imitent dans leurs comportements. Aujourd'hui, Cheytan ou Satan a versé son sein dans les tympans de tous. Plus personne n'entend personne ni ne voit. La vie mondaine a pris le dessus et s'est imposée partout. Le continent ne cesse de s'éloigner de lui-même, de s'égarer.

Les lieux de dépravation foisonnent partout et sont des sources de revenus pour certains. Le sexe est démystifié, banalisé. Il se vend à ciel ouvert et à vil prix, comme des oranges au marché.

La femme a été réduite à sa plus simple expression à cause de l'amour effréné des filles pour l'argent. Des pères et mères de familles poussent leurs propres enfants à la

---

[14] Chacun est libre d'utiliser son corps comme il ou elle le voudrait, mais il faut reconnaître que cette façon de s'habiller n'est pas conforme à notre culture et porte un sérieux coup à nos valeurs.

prostitution et vivent des fruits de cette pratique néfaste, honteuse et dégradante.

Des prostituées organisent des journées portes ouvertes au cours desquelles le sexe se vend gratuitement. Et des gens viennent à ce rendez-vous, faire la queue, pour ne pas manquer ce service de jouissance gratuite. Épargnez-moi l'idée de citer nommément ces pays où les gens s'adonnent à cette ignominie pour ne pas que je sois taxé de ce que je ne suis pas.

Des proxénètes ? Ils existent à gogo dans notre monde actuel et les gens se livrent à cela sans que leur conscience ne leur reproche quoi que ce soit. Des familles vivent des fruits de cela.

Dans l'esprit de satisfaire ma curiosité sur les raisons qui peuvent pousser les gens à envoyer leurs propres enfants ou ceux d'autrui dans le trafic du sexe, je me suis intéressé à la vie d'une jolie fille dont le comportement me paraissait bizarre. Elle ne sortait qu'à des heures tardives et ne revenait que le matin très tôt.

Un jour, le temps lui fit un mauvais tour. Ce jour, elle revint à la maison au moment où les premiers rayons du soleil s'étaient gaillardement pointés avec un visage presque défiguré.

Tout au début, j'hésitai à l'aborder et m'abstins. Mais curieux au point de ne reculer devant rien, avant de soulager ma curiosité, je pris mon courage à deux mains et l'abordai un jour au moment où son état de santé s'était détérioré de façon spectaculaire. Malgré son état, elle se prêta à mes questions et me prêta une oreille attentive.

Je commençai la discussion.

– Vous souffrez de quoi, madame ?

Elle baissa légèrement sa tête vers le sol, aussitôt, ses larmes coulèrent. Quelques minutes après, elle reprit son souffle et me parla.

– Je suis sérieusement malade et je sais que cette maladie m'emportera avec elle. Mais si elle m'emporte avec elle, je ne pardonnerai jamais à ma tutrice.

Ses larmes coulèrent de nouveau.

Je compris qu'elle voulait me parler de quelque chose d'important. Je lui prêtai attentivement l'oreille pour ne pas rater les détails de son histoire.

– Je lui demandai :

– Mais, ta tutrice t'a fait quoi au juste ? Pourquoi tu ne lui pardonneras jamais ce qu'elle t'a fait ?

– Depuis que je suis toute petite, cette femme satanique, ma marâtre, m'obligeait à me prostituer pour subvenir aux besoins de la famille pendant que ses propres enfants, eux, étudiaient. Si je refusais, le fouet ricanait sur ma tête, mon corps. Elle me battait et me privait de repas. Mes parents, mon père et ma mère, ne vivent plus ; ils m'ont confiée à elle avant de regagner le royaume des cieux. Malheureusement, elle est devenue mon cauchemar dès après la mort de mes parents.

– Mais pourquoi ne l'as-tu pas dénoncée aux parents de ton père ?

– Je l'ai fait, mais en vain. Personne n'a voulu s'occuper de moi. Et plus grave, chaque fois qu'elle se rendait compte que j'ai entrepris de telles démarches ou en avait l'intention, elle me maltraitait et me privait de tout. Ainsi, plus le temps passait, plus je prenais goût à ce métier et me livrais à toutes sortes de débauches sans me soucier un seul jour de ce que cela pouvait me coûter à la longue.

Un jour, je fis la connaissance d'un bel homme. Nos relations se développèrent et je décidai de ne plus sortir avec un autre homme. Il me donnait tout ce dont j'avais besoin. Bêtement, je couchai avec lui sans me protéger.

Deux ans sont passés. Je vis mon état de santé dégringoler. Je me rendis à l'hôpital. C'est là où on m'informa que j'étais séropositive. Une maladie s'abattit sur moi et me terrassa. Et là où je me trouve ces temps-ci, je n'attends que le jour, maintenant. Rien n'y peut quelque chose ; la maladie m'a rongée et m'a complètement affaiblie ; il ne reste plus rien de moi sinon que des os.

Ses larmes coulèrent. Je lui remis un mouchoir. Elle essuya ses larmes puis continua son récit.

– Je regrette d'avoir rencontré cet homme et de ne pas avoir pris le soin de me protéger pendant nos relations charnelles. Je vis l'enfer sur terre aujourd'hui. Et ce qui me fait le plus mal au point de ne pas retenir mes larmes, c'est le fait de partir de la sorte, très loin de notre Créateur. J'espère qu'il me pardonnera le fait que j'ai pris ce chemin de la honte.

Malgré la détérioration de son état, elle ne cessa un seul instant de se battre, de lutter contre la maladie, jusqu'au jour où Dieu décida de reprendre la chose qu'il lui avait confiée, son âme. C'est ainsi qu'elle s'est éteinte en ne laissant derrière elle ni enfant, ni rien. Elle est partie tout comme elle est née. Sans rien.

Ce qui m'a surtout fait pitié, c'est quand j'ai vu quatre personnes seulement conduire sa dépouille à sa dernière demeure. Même pour prier sur sa dépouille, il n'y eut aucun Imam. Elle fut enterrée sans même ce petit droit à une bonne toilette digne de ce nom. Ils l'enterrèrent, du moins, la jetèrent comme un vulgaire animal dans sa tombe. Une fin triste.

Aujourd'hui, on se marie seulement parce que les coutumes, les traditions et les religions le recommandent sinon personne n'allait se marier. Le sexe a été démystifié au point qu'il est vendu à vil prix. Qu'on me pardonne pour cette expression, mais, il est maintenant important que nous nous disions certaines vérités dans l'espoir que cela tombera dans de bonnes oreilles pour une prise de conscience, surtout, au niveau de la jeunesse, nous qui sommes la relève.

Dans la culture africaine, la femme était synonyme de respect, d'admiration, de grandeur, d'amour, de fidélité et ne faisait rien qui allait à l'encontre de l'honneur et de la réputation des parents. Mais, comment peut-on respecter la femme quand certaines parmi elles se vendent moins cher qu'une bonne mangue sur le marché ?

Autrefois, les garçons et les filles pouvaient entretenir des relations amicales, passer des nuits ensemble, sans en arriver à l'acte sexuel.

Dans les temps passés, notamment chez des communautés peules, mandingues, par exemple, deux personnes qui se connaissent et entretiennent des relations charnelles ne pouvaient se marier, quel que soit le degré d'amour qui existait entre les deux.

Le mariage, hier, n'était certes pas pompeux comme certains le font actuellement, mais avait toute sa valeur et résistait au temps. Il était sacré au point que les gens s'unissaient pour le pire et pour le meilleur. Seule la mort pouvait les séparer, car, en plus de ceux qui convolent, les familles étaient aussi engagées et les parents de la nouvelle mariée devenaient aussitôt ses anciens parents. Ceux de son époux devenaient ses nouveaux parents. En outre, les conditions pour se marier étaient difficiles. Une personne ne pouvait avoir la femme seule, sans qu'il ne fasse venir ses parents. Toutes ces conditions qui sécurisaient le mariage étaient posées d'avance par les parents de la fille, pas pour empêcher les gens de se marier, mais plutôt pour garantir l'avenir de l'union.

Dans certaines communautés, on pouvait demander jusqu'à neuf bœufs, des travaux champêtres durant des saisons avant et pendant le ménage.

De nos jours, les mariages se font et se défont comme de simples concubinages parce qu'ils se nouent très facilement. Les valeurs sont bafouées, sabotées et traitées de moribondes. Un individu peut se présenter tout seul dans une famille, demander la main d'une fille et que les parents de cette dernière, la lui donnent, sans que ce dernier ne leur présente ses parents, surtout quand ce dernier est riche. Et quelque temps après, c'est le divorce. Alors qu'avant, la présence des parents de l'homme était indispensable pour nouer le mariage entre deux personnes, car le mariage, en plus des mariés, liait aussi les parents des deux côtés. Rien n'était fait au hasard. Tout avait une signification et une valeur. Les pères et mères de famille veillaient scrupuleusement sur la virginité de leurs filles comme ils veillaient sur la prunelle de leurs yeux pour ne pas que celles-ci la perdent un jour dans une relation précoce. Nul n'ignorait l'importance que la virginité revêtait pour les femmes et pour toutes les familles. Une fille qui allait chez son mari vierge recevait tous les hommages de son mari et de ses parents.

Mais la virginité de nos jours a-t-elle un sens ?

Il n'est pas impérieux de chercher longtemps la réponse, car elle est synonyme de manque d'éveil et d'émancipation chez la fille pour certains. Avoir des relations intimes précoces ou concevoir une grossesse non désirée hors mariage, n'a aucun sens de déshonneur.

En un mot, ce statut de la fille a un impact sur toute sa vie. Une manière de dire que le salut des filles et de leurs parents se trouvait dans l'abstinence des filles jusqu'au mariage.

Dans le Mandingue, par exemple, après la cérémonie nuptiale, la fille était conduite par une délégation de vieilles femmes chez son mari la nuit après lui avoir donné les dernières leçons de conduite qui sont d'une importance incommensurable pour elle, dans la nouvelle vie à laquelle elle fera face dorénavant.

C'est la première nuit du couple.

Cette nuit est une nuit importante dans la vie future du couple. Et c'est sur un drap blanc qu'ils passeront la nuit.

Le lendemain, les vieilles femmes viennent faire le lit du couple. Cela, pour permettre de savoir si la fille était, au moment où elle venait chez son mari, vierge ou pas. Si, par malheur, aucune trace de sang n'était constatée sur le drap immaculé, les vieilles se rendaient compte aussitôt qu'elle n'était pas vierge. Chose qui couvrait de honte la fille et déshonorait toute sa famille. Et s'il se trouve que la fille était vierge, une grande cérémonie était organisée à son honneur.

Le vrai amour, l'amour qui pardonne tout, qui n'a pas de haine, de rancune, d'hypocrisie n'existe plus. Il est mort et ne se retrouve plus que dans les contes de fées.

Aujourd'hui, l'amour est basé sur des relations charnelles, simplement sexuelles, passionnelles et matérielles. La fidélité aussi n'a presque plus de sens. Plus de respect. Pourtant, ces valeurs étaient défendues en Afrique et avaient un grand sens. Une femme pouvait jurer sur la sincérité de ses relations avec son mari ; elle pouvait même exprimer des souhaits que Dieu réalisait, rien qu'en jurant sur sa fidélité.

CHAPITRE V

L'éducation en milieu traditionnel

Dans la société traditionnelle africaine, l'éducation était au cœur des préoccupations quotidiennes des populations. Cela est si vrai qu'elle relevait de toute la communauté.

Qu'est-ce que l'éducation, le milieu traditionnel ?

L'éducation, c'est la transmission des valeurs cardinales d'une société à une personne.

Il faut faire la différenciation entre le milieu traditionnel où se pratiquent les enseignements reçus, et lieux traditionnels.

Le lieu traditionnel, c'est là où l'enfant, en bas âge, apprend les traditions du village, les arts de la guerre, la sagesse, la médecine traditionnelle, les sciences mythiques pouvant servir sa famille, sa communauté et tout ce qui est nécessaire pour la dépense et le développement du village. Ces lieux sont généralement appelés des bois sacrés.

« Le monde est vieux, mais l'avenir sort du passé », a dit Djibril Tamsir Niane dans *Soundjata ou l'épopée mandingue*. En effet, la tradition doit être la base de notre modèle de société en tant que nation. Elle doit, en quelque sorte, être le socle de notre société moderne.

À vrai dire, notre société moderne ne doit pas être une société occidentale comme nous le voyons de nos jours. Elle doit plutôt être une évolution de notre société traditionnelle.

Faire donc la différence entre la modernité et l'occidentalisme est plus qu'une nécessité aujourd'hui. La veste ne doit pas, par exemple, être considérée comme étant une modernité. Elle est plutôt un habit traditionnel européen qui a été amélioré au fil du temps.

Une manière de dire que notre tradition doit être améliorée et mise au goût du jour. Le « To »[15] qui se fait de la même manière depuis des siècles, par exemple, doit être adapté aux réalités du temps en créant d'autres recettes culinaires qui n'existaient pas autrefois.

Autrefois, quand un jeune homme se mariait, l'éducation de sa femme était confiée à la femme de son grand-frère pour lui permettre de connaître les liens familiaux, afin de savoir comment les entretenir pour éviter tous désagréments dans les rapports sociaux. En ces temps-là, on ne se mariait pas pour soi, mais plutôt pour toute la famille.

Entre époux et belles-familles, c'était le mythe. De nos jours, cela n'est plus le cas. Certains, par perdition, peuvent aller jusqu'à porter la main sur leurs gendres. J'en connais qui insultent vulgairement et à longueur de journée leurs belles-familles et que le mariage reste toujours nouer. Alors qu'avant, insulter les gendres, les belles-familles était synonyme de divorce d'avec sa femme ou d'avec son mari.

Les relations entre jeunes sont basées aujourd'hui sur le sexe. Des enfants naissent rodés dans toutes sortes de cochonneries. En plus, quand deux conjoints décidaient de se quitter, le débat se tenait souvent sous un arbre, personne n'acceptait que de tels débats se tiennent dans sa maison. Car, abriter un tel débat était considéré comme une malédiction.

---

[15] Mets africain à base de farine, servi sous forme de pâte et consommé avec sauce

Avant, quand quelqu'un voulait épouser une fille, il demandait sa main aux frères du père de la fille. En ces temps-là, l'enfant appartenait aux frères du père.

Quels que soient l'âge, la richesse d'un petit frère, le dernier mot dans les prises de décision revenait toujours au grand frère.

Ces valeurs n'existent plus. Elles ne sont plus que de lointains et vieux souvenirs.

D'ailleurs, le social (le vivre-ensemble) était aux premières loges de nos valeurs avant que la mondialisation ne frappe à nos portes. Il donnait, en un mot, à l'Afrique, toute sa beauté. Il n'y avait pas de différence entre le voisinage et la parenté. Le malheur du voisin tout comme son bonheur étaient partagés par tous ; le soutien mutuel existait dans le vrai sens du terme.

« … dès l'annonce de la mort de Modou, ce sont d'abord des personnes connues ou inconnues qui accourent de toutes parts pour être présentes au domicile du défunt. Ensuite, après l'enterrement, est organisée une « cérémonie du troisième jour », une autre du « huitième jour » et une dernière du « quarantième jour »[16].

Le matin, se rendre visite pour se dire bonjour et connaître l'état de santé de son voisin, faire le même exercice le soir, voilà ce qu'était l'Afrique. En un mot, le mal de l'un, était celui de tous et son bonheur aussi était le bonheur de tous. Aujourd'hui malheureusement, il ne reste de cette valeur que de frêles reliques.

Les gens deviennent de plus en plus individualistes ; la solidarité occupe peu de place dans les relations ; les gens sont liés par l'intérêt. Pour preuve, quand il y a des cas sociaux à notre temps, les gens se contentent tout juste d'envoyer leurs enveloppes ; ils oublient que la présence

---

[16] Tanella Boni, « Solidarité et insécurité humaine : penser la solidarité depuis l'Afrique », dans *Diogène* 2011/3-4 (n° 235-236), pp. 95-108.

physique dans une famille éplorée est beaucoup plus importante.

« … les femmes du défunt sont toujours entourées de parents et parentes, de voisins ou de personnes venant de loin qui manifesteront leur compassion par quelques paroles et participeront aux dons en nature et en argent. S'agit-il d'une simple compassion ? Tout se passe comme si ces cérémonies avaient pour but non seulement de "soutenir" la famille du défunt, mais aussi de montrer que la société tout entière est unie et solidaire. Le don de soi semble être un élément constitutif de cette solidarité que décrit la romancière. On donne de soi-même par sa présence physique aux cérémonies. On donne des choses matérielles, mais il n'y a pas de don sans réciprocité. On donne donc avec la claire conscience de devoir recevoir en retour, puisque ce qui est partagé c'est un destin commun caractérisé par la vie et la mort. On donne à la famille d'un défunt parce qu'on appartient à une humanité commune. En faisant corps avec le défunt et avec sa famille, ce n'est pas une simple compassion que l'on manifeste, c'est de la solidarité au sens fort du terme. »[17]

Malheureusement aujourd'hui, la mort elle-même ne signifie plus rien. Quand une personne regagnait le royaume des cieux, son enterrement se faisait avec tous les honneurs dus à son rang et la famille prenait le temps recommandé par la tradition pour porter le deuil. Si c'est un chasseur qui décédait, la confrérie à laquelle il appartenait, lui rendait tous les hommages avant qu'il ne rejoigne le royaume des ancêtres. En plus, les enfants ne voyaient guère sa dépouille de crainte qu'ils n'aient peur ou qu'ils craignent la mort.

De nos jours, ces valeurs sont foulées au pied au profit des usages venus d'ailleurs. Les enfants n'ont plus peur de la mort et partent jusqu'à l'enterrement sans que personne

---

[17] *Idem.*

ne daigne leur dire de retourner. Plus grave, les gens sont pressés d'envoyer la dépouille à sa dernière demeure, pur débarras de quelque chose d'encombrant afin de mieux pouvoir vaquer rapidement à leurs occupations.

Au temps de nos grands-parents, les biens étaient communs. Rien ne se partageait entre les frères. Les réalités ont changé au point que chacun garde jalousement ses avoirs.

Dans nos valeurs les plus anciennes, tout avait une valeur, un sens et tout était sacré ; la tradition relevait du sacré.

Aussi, le pacte était respecté au prix même des vies parfois.

De ces valeurs, plus rien ne reste. Ce qui est légion, c'est le jeu de dupe, c'est-à-dire le plus malin prend le dessus.

Dans le passé, la parole avait un caractère sacré, incantatoire, en même temps constructif que destructif selon l'usage qu'on en faisait. Elle était réservée à une catégorie de personnes qui connaissaient ses petits secrets et qui la manipulaient à souhait, sans heurter qui que ce soit.

Oui, dans un passé lointain, la parole avait une valeur incommensurable. Elle était sacrée. Pour elle, jadis, des gens pouvaient parfois, avec audace et témérité, aller au-devant des dangers, même la mort, ils n'hésitaient pas à la défier pour tenir les promesses faites. On dit en Afrique que « Celui qui ne respecte pas sa parole, ne trouvera que malheurs sur son chemin. »

Pour des engagements pris, par exemple, avec des esprits, des gens donnaient leurs progénitures en offrande et n'hésitaient pas à mettre fin à leur propre vie pour éviter d'être humiliés ou de ne pas tenir leur promesse. On ne la donnait que lorsqu'on était sûr et certain d'être à même de l'honorer.

« Mieux vaut mourir que de déshonorer la parole donnée » était l'essence même de la vie des hommes.

Très malheureusement, ces valeurs, ces manières de faire sont toutes foulées au pied. Tout a changé et les hommes se fichent de l'honneur et de ces bonnes manières. La parole donnée ne vaut plus rien. Elle ne vaut même plus un papier-toilette. Tout est foutu, il n'y a plus rien à faire. Promettre aujourd'hui et nier demain est devenu la culture de certains.

CHAPITRE VI

Les langues nationales, un outil de développement

La valorisation et l'enseignement des langues locales sont un passage obligé pour toute nation aspirant éduquer son peuple et promouvoir le développement.

Considérées comme premier élément de la tradition et propres aux peuples ou pays, les langues nationales constituent la synthèse des valeurs sociétales des communautés africaines que les autorités devraient promouvoir dans le but d'atteindre le niveau de développement escompté.

Elles sont, en d'autres termes, la réverbération de notre Civilisation.

Mais, en quoi les langues nationales peuvent-elles être un outil de développement en Afrique ?

Tout peuple qui ne maitrise pas sa langue nationale ne pourrait conserver l'intégrité de son histoire.

Apprendre et faire tout dans les langues coloniales ou étrangères, est l'un des véritables handicaps au développement du continent. Au lieu de la traduction, on en fait des transpositions des langues qu'on ne maitrise pas à la source de part et d'autre. C'est l'origine même des confusions, des désinformations des noms et symboles traditionnels en Afrique conduisant à la disparition littéraire de certains lieux historiques. Alors qu'ils existent physiquement.

Des études ont toujours prouvé que l'homme apprend vite et mieux dans sa langue maternelle que dans une langue étrangère.

Mieux, pour couper complètement le cordon ombilical avec l'occident et faire de notre indépendance une réalité, l'introduction et la valorisation des langues nationales dans le système éducatif est plus qu'une nécessité. C'est un impératif, car en plus de faciliter la compréhension et la transmission des savoirs, cela pourrait largement contribuer à l'expansion de nos langues, par ricochet nos cultures, en dehors de leurs foyers originels.

Dans un entretien avec René Holenstein, l'éminent historien burkinabè, J. Ki-Zerbo affirmait : « C'est par son "être" que l'Afrique pourra vraiment accéder à l'avoir. À un avoir authentique ; pas à un avoir de l'aumône, de la mendicité. Il s'agit du problème de l'identité et du rôle à jouer dans le monde. Sans identité, nous sommes un objet de l'histoire, un instrument utilisé par les autres : un ustensile. Et l'identité, c'est le rôle assumé ; c'est comme dans une pièce de théâtre où chacun est nanti d'un rôle à jouer. Dans l'identité, la langue compte beaucoup. Le siècle qui a commencé verra-t-il le dépérissement des langues africaines ? La lente asphyxie des langues africaines serait dramatique, ce serait la descente aux enfers pour l'identité africaine. Car les Africains ne peuvent pas se contenter des éléments culturels qui leur viennent de l'extérieur… »

Les langues nationales peuvent en effet jouer un rôle important dans le développement du continent en ce sens que le savoir se transmet mieux dans nos langues. Il est difficile de se développer dans les langues et les cultures des autres. La langue est, d'une certaine façon, le premier élément de la culture d'un peuple.

Dans ce volet, nous sommes victimes de tout et risquons de perdre nos langues maternelles c'est-à-dire le peu qui nous reste de notre culture au profit de l'arabe, du français, de l'anglais et même du chinois, car nos enfants roulent mieux et manipulent plus aisément ces langues étrangères que les leurs. Tandis que les langues maternelles, en plus d'être les creusets de nos valeurs culturelles, de notre conscience individuelle et collective, de notre manière de voir et d'analyser les choses, de nos valeurs sociétales, en termes plus clairs, peuvent aussi être de véritables moyens de développement du continent dans les domaines politico-culturels et socio-économiques, car elles permettent une meilleure assimilation, facilitent et encouragent l'obtention du savoir.

Investir ou valoriser les langues maternelles à présent est plus qu'une nécessité si nous voulons effectivement sauver le peu de patrimoine culturel qui nous reste.

Sans langue de bois, les langues maternelles peuvent être de vrais facteurs de développement endogène et permettre en outre de mettre le sous-développement hors de nos frontières.

On dit que la langue et la communication sont les deux facteurs les plus importants dans un processus d'apprentissage. De toute évidence, la meilleure façon de faire comprendre la science à quelqu'un, c'est de communiquer avec lui dans la langue qu'il comprend le mieux. Il y a des choses que nous ne pourrons jamais expliquer dans une autre langue qui nous est étrangère. Le professeur Cheikh Anta a suffisamment prouvé que nos langues sont assez outillées pour véhiculer les connaissances.

D'ailleurs, le chercheur Dirk Huylebrouck a écrit un article intitulé « L'Afrique est le berceau des sciences mathématiques »[18] affirme que l'une des plus belles créations intellectuelles de l'humanité, à savoir les

---

[18] Revue internationale *pour la Science*, 2005.

mathématiques, est née en Afrique noire il y a plus de 20 000 ans[19].

Même si l'Afrique regorge des plus belles pierres précieuses du monde, même s'il y a de l'or qui foisonne en certains endroits, si nous ne valorisons pas nos cultures, nos langues, pour pouvoir communiquer facilement entre nous, transmettre le savoir et faire facilement des échanges, si nous n'encourageons pas l'enseignement de nos langues, de nos écritures comme le Swahili, le N'Ko, l'Adlam et autres, les modèles de développement que l'Occident nous impose par l'entremise de nos dirigeants, incapables d'assumer pleinement nos indépendances, nous n'atteindrons jamais le niveau de développement escompté.

Le monde arabe a été colonisé au même titre que nous. Pourquoi ceux-ci sont devant nous ? Simplement parce qu'ils n'ont jamais abandonné leurs langues, leurs cultures au profit de celles occidentales. Ils sont restés attachés à leurs valeurs ancestrales.

Un homme se définit par sa culture et la culture commence par la langue.

En clair, pour réellement se libérer de toutes ces contraintes occidentales, choisir une langue africaine entre nous me semble opportun et permettra au continent de décoller dans tous les sens.

En Guinée, par exemple, après l'indépendance, les langues nationales ont été introduites dans le système éducatif à tous les niveaux, cela dès les premières heures. Au cours de cette période, les gens n'avaient pas besoin de trop réfléchir sur ce qu'on leur disait ou dispensait comme cours en classe. Ils comprenaient et assimilaient non

---

[19] La recherche aujourd'hui est en train de s'intéresser à l'origine africaine de certaines données technologiques modernes comme le code binaire informatique, mathématiques fractales…

seulement avec aisance, mais rapidement parce qu'ils le recevaient dans des langues qu'ils comprenaient déjà.

« Le Rapport mondial de suivi sur l'éducation pour tous de 2005 (UNESCO, 2004) a souligné le fait que le choix de la langue d'enseignement et de la politique linguistique dans les écoles joue un rôle essentiel dans l'efficacité de l'éducation. Dans une étude décisive sur la qualité de l'éducation en Afrique, menée par l'Association pour le développement de l'éducation en Afrique (ADEA, 2004), le facteur linguistique s'avère l'un des facteurs de qualité les plus déterminants. »[20]

Aujourd'hui, nous sommes confrontés à deux choses : comprendre la langue dans laquelle on nous parle ou dispense les cours, ensuite ce qu'on nous dit dans cette langue. Un double travail. Cependant, si c'étaient nos langues, les réalités seraient différentes et on irait vite dans la compréhension des choses. C'est d'ailleurs ce qui fait la force de la Chine et qui accélère incroyablement son développement.

Promouvoir donc les langues et écritures nationales, c'est aussi promouvoir le développement dans un pays, dans un continent.

---

[20] UNESCO, pourquoi et comment l'Afrique doit investir dans les langues africaines et l'enseignement multilingue : Note de sensibilisation et d'orientation étayée par les faits et fondée sur la pratique.

CHAPITRE VII

Les valeurs de l'Afrique, moteur de développement du continent noir

Les valeurs de l'Afrique sont l'ensemble des traditions culturelles sur lesquelles repose le continent et qui sont, dans le vrai sens du terme, la clef du développement de l'Afrique.

L'inclusion ou la prise en compte des réalités ou normes sociétales africaines dans les modèles de développement proposés par les Institutions internationales, garantit et facilite l'émergence socio-économique de l'Afrique.

Les valeurs fondamentales africaines et la pérennité même de la race noire doivent être la préoccupation de tous, car ce n'est pas seulement cette peau noire qui fait de nous des Noirs. En plus de cette peau, il y a aussi nos valeurs. Ce sont ces deux qui nous définissent et font de nous ce que nous sommes. Comme pour dire que pour accélérer la marche du continent vers l'émergence, la prise en compte de nos réalités, de nos valeurs dans les modèles que nous proposent les Occidentaux est nécessaire, voire indispensable.

Également, l'Afrique peut bel et bien se développer de façon spectaculaire et prompte comme la Chine. Il nous suffit juste de prendre conscience et de savoir que les modèles de développement que nous proposent souvent les Occidentaux ne cadrent pas avec nos réalités. Nous devons démêler le vrai du faux, sinon, nous tournerons toujours en rond et n'atteindrons jamais le niveau de développement que nous souhaitons.

À travers les modèles qu'il nous impose souvent, l'Occident décide de notre sort alors que rien qu'avec des modèles de démocratie et de développement purement africains, on peut nettement sortir de l'ornière. L'Africain a toujours eu une conception différente du développement. En effet, dans les sociétés traditionnelles africaines, le développement est plus synonyme de bien-être que de progrès infini et de production et d'accumulation des biens.

Loin de moi l'intention de dire que tout était parfait en Afrique avant le système colonial ou de rejeter tout ce que la mondialisation nous a apporté de positif, ou bien d'ouvrir un quelconque débat dont le dessein serait de nous inciter à nous replier sur nous-mêmes, mais l'abandon de nos traditions au profit des valeurs occidentales pourrait tuer, en chacun de nous, notre génie créateur. Cela constituerait d'ailleurs même, un véritable frein au développement du continent.

En vérité, rien qu'avec la culture, nous pouvons développer le continent sans trop suer même. Hormis nos ressources minières et énergétiques, l'Afrique est un scandale culturel. Si on met en valeur ces cultures et coutumes, si nous les valorisons, rien qu'avec les touristes qui viennent, nous sortirons ce beau continent du sous-développement.

Malheureusement, tout comme des êtres maudits, nous récoltons la palme d'or de ceux qui rejettent tout ce qu'ils ont de valeureux au profit des contre-valeurs qui n'en valent pas la peine du tout.

Il y a des écoles en Europe, Asie, aux États-Unis, partout où les gens apprennent les langues et cultures africaines. On y apprend à taper le tam-tam, à jouer le balafon et d'autres instruments traditionnels.

Paradoxalement, ici en Afrique, ces activités sont assimilées à des activités de fainéants. Savez-vous ce que des pays comme la France, l'Angleterre, la Chine et autres pays font rentrer, rien qu'avec la culture ? Est-ce que vous connaissez le nombre de visiteurs qui foulent ces sols par an et les recettes que cela génère ?

Cherchez à savoir cela et vous comprendrez qu'on peut bel et bien développer l'Afrique rien qu'avec nos Cultures.

Rien qu'en 2015, la consommation intérieure touristique de la France représentait près de 160 milliards d'euros, soit plus de 7,2 % du produit intérieur brut (PIB), avec plus de 84.500.000 touristes.

Comme le disait Édouard Herriot un jour : « La tradition, c'est le progrès dans le passé ; le progrès dans l'avenir, ce sera la tradition »[21].

Enfin, si nous ne faisons pas attention et ne nous remettons pas en cause, nous finirons par aller nous ressourcer un jour chez eux, car on aura tout perdu du fait de notre complexe et eux ils auront tout récupéré.

Les Chefs d'État africains aussi doivent briser les chaînes qui lient leurs esprits et nous maintiennent dans cette croyance humiliante consistant à penser que l'Afrique ne sera développée que lorsque nous imiterons parfaitement l'Occident dans ses agissements, dans son mode de vie, dans sa conception de la démocratie... Être soi-même, en un mot, est le point de départ même du développement.

Le grand problème de l'Afrique est qu'elle n'a jamais été décolonisée et n'a jamais compris que les modèles de développement proposés par le Fonds monétaire international et la Banque mondiale ne lui permettront jamais de sortir du gouffre. Plutôt, ces instruments, au

---

[21] Site Ouest-France, citation du jour

service des grandes Nations, constituent une sorte de frein au véritable développement.

Tant que l'Afrique ne se débarrassera pas totalement du joug colonial, dans l'esprit et dans les faits, tant qu'elle ne définira pas sa propre voie de développement, au centre de laquelle notre patrimoine culturel (c'est-à-dire les langues, les littératures, les institutions, les religions et les systèmes de pensée de l'Afrique) aura une place de choix, elle ne s'en sortira jamais et continuera à patauger dans de vastes formules que lui propose souvent l'Occident, sans jamais voir la véritable voie qui débouche sur le bien-être ou le développement. Elle sera toujours à la traîne.

Ces observations élémentaires que nous venons de faire, nous permettent de dire sans risque de nous tromper que si le continent ne se réveille pas, s'il ne croit pas en lui-même, s'il ne sait pas qu'il ne peut et ne doit compter que sur lui-même, nous continuerons toujours à nous engouffrer dans le sous-développement sans aucun espoir de voir le bout du tunnel un jour, car le Fonds Monétaire International, la Banque Mondiale, ces instruments de soumission de nos pays, ou encore l'aliénation politique et économique de nos valeurs par celles occidentales sont des chemins maladroits qui ne nous mèneront qu'à l'échec, pour la simple raison qu'ils sont des instruments au service des grandes puissances pour continuer à avoir une mainmise sur les richesses du continent et par ricochet, son sort.

À l'origine, ces deux institutions devaient s'occuper des finances, de la stabilisation de la monnaie par rapport à l'étalon or et des échanges entre pays européens et les États-Unis après la Seconde Guerre mondiale et afin de favoriser une reconstruction rapide de l'Europe. Mais très vite, ils se sont emparés de tous les appareils d'échanges internationaux puis se sont transformés en des structures de conseil financier pour les pays du Sud, notamment l'Afrique, en leur imposant des solutions économiques en déphasage avec leurs réalités.

Si vous voulez des aides financières de la part de ces deux Institutions, elles vous exigent de changer vos politiques internes. En outre, elles vous imposent de réduire par exemple la masse salariale. Ce qui du coup, réduit le recrutement dans la fonction publique. La privatisation des entreprises de l'État fait partie aussi de leurs nombreuses conditions. Sans oublier aussi la limitation des subventions accordées à certains secteurs.

Donc, au lieu d'apporter des solutions, ces institutions sont en réalité des problèmes. Elles intègrent les structures monétaires des pays du Sud, notamment l'Afrique, par des prêts à taux exponentiel et investissent dans les secteurs miniers tout en influençant le coût des matières premières.

C'est justement dans cette optique que monsieur Jorg Guido Hulsmann a affirmé, à la question de savoir « Pourquoi le FMI nuit-il aux Africains ? », ceci : « A l'aide de quelques propositions élémentaires de la théorie monétaire, nous avons montré que la création du FMI s'inspirait d'une analyse erronée de la crise monétaire des années 1930 ; qui de plus, par sa nature, il ne peut résoudre les problèmes qu'il est supposé résoudre, mais au contraire les aggrave et les multiplie ; et que, pour cette raison, toute réforme du FMI est vaine. Pour stopper l'impérialisme dont il est l'instrument, pour diminuer l'exploitation du grand nombre d'Africains qui n'appartiennent pas aux classes politiques, pour réduire la dépendance politique de l'Afrique vis-à-vis de l'Occident, il est nécessaire, tout simplement de supprimer le FMI »[22].

En un mot, l'Afrique est, comme l'affirme le célèbre magicien malien Badou Niang, « née des mystères qui ont enrichi l'humanité entière par la connaissance profonde.

---

[22] Labyrinthe, Dossiers-Afrique(S), 2003

Toutes les grandes Sciences trouvent leur origine dans les mystères de l'Afrique »[23].

Il faut donc une véritable révolution dans nos mentalités à tous les niveaux, dans nos manières de voir la vie, de concevoir les choses, cela s'avère nécessaire aujourd'hui, voire indispensable pour des lendemains meilleurs.

En résumé, l'Afrique est malade de son acculturation à outrance. Il faut s'arrêter, méditer pour éviter qu'on ne se perde complètement avec le temps. Notre survie en dépend.

---

[23] Lors d'une conférence de Presse tenue le 15 mars 2019 à la maison de la presse en Guinée.

Conclusion

L'Afrique a perdu trop de temps, nous devons nous mettre au travail et ne plus être divertis par quoi que ce soit, car dit-on en dioula[24] : « Si nous nous couchons, nous sommes morts ». L'Afrique a assez dormi et les conséquences sont incommensurables : une paupérisation grandissante surtout dans le monde rural, un environnement totalement délabré, des conflits armés presque partout, un chômage galopant, des stratégies de développement copiées de l'Occident...

L'Afrique doit aujourd'hui, sans pour autant cultiver un repli autarcique, se tourner vers un développement endogène basé sur ses propres valeurs. Un proverbe africain ne dit-il pas que : « Dormir sur la natte des autres, c'est comme si l'on dormait par terre ».

C'est d'ailleurs l'esprit du colloque organisé en 1989 à Bamako par 70 chercheurs originaires de 15 pays africains qui ont démontré qu'il a toujours existé une culture africaine du développement.

En somme, le jour où l'Afrique se départira de son complexe d'infériorité et réalisera que le modernisme consiste à améliorer nos anciennes valeurs pour les mettre au goût du temps et non d'épouser forcément toute la civilisation occidentale, c'est ce jour-là même qu'elle amorcera son véritable décollage économique et social.

[24] Langue nationale du Burkina Faso.

Nos valeurs constituent notre identité, car en vérité, « On ne développe pas, on se développe »[25]. Le développement c'est d'abord dans la tête avant de se matérialiser sur le terrain. C'est la raison pour laquelle l'Afrique doit investir sur ses ressources humaines à travers l'éducation, mais une éducation qui valorise l'homme noir, son passé et ses valeurs.

Nous devons être fiers de ce que nous sommes si nous voulons nous départir de nos complexes et nous devons nous départir de nos complexes si nous voulons vraiment développer ce continent. Un « développement clé en main » n'existe pas, c'est le « développement clé en tête » qu'il faut cultiver en Afrique.

Concilions l'africanité et la modernité comme le disait un sage africain, car ces valeurs africaines tournaient autour de l'entente dans les familles, du renforcement des liens sociaux sans lesquels on ne saurait parler de développement.

---

[25] Cette formule de Ki-Zerbo exprime à elle seule l'état d'esprit qui doit animer nos dirigeants africains.

Références bibliographiques

Diop Cheikh Anta, *Nations nègres et culture*, Présence Africaine, 1979.

Ki-Zerbo Joseph, *A quand l'Afrique ? Entretien de Joseph KI-ZERBO avec René HOLENSTEIN*, 2004.

Ki-Zerbo Joseph, *Histoire générale de l'Afrique*, Hatier, 1972.

Ki-Zerbo Joseph, La natte des autres, Karthala, 1991.

La Charte de Kouroukan-Fouga,de Siriman Kouyaté.

Niane Djibril Tamsir, *Soundjata ou l'épopée du Mandingue*, Présence africaine, 2000.

Table

Structures éditoriales du groupe L'Harmattan

L'Harmattan Italie
Via degli Artisti, 15
10124 Torino
harmattan.italia@gmail.com

L'Harmattan Hongrie
Kossuth l. u. 14-16.
1053 Budapest
harmattan@harmattan.hu

L'Harmattan Sénégal
10 VDN en face Mermoz
BP 45034 Dakar-Fann
senharmattan@gmail.com

L'Harmattan Cameroun
TSINGA/FECAFOOT
BP 11486 Yaoundé
inkoukam@gmail.com

L'Harmattan Burkina Faso
Achille Somé – tengnule@hotmail.fr

L'Harmattan Guinée
Almamya, rue KA 028 OKB Agency
BP 3470 Conakry
harmattanguinee@yahoo.fr

L'Harmattan RDC
185, avenue Nyangwe
Commune de Lingwala – Kinshasa
matangilamusadila@yahoo.fr

L'Harmattan Congo
67, boulevard Denis-Sassou-N'Guesso
BP 2874 Brazzaville
harmattan.congo@yahoo.fr

L'Harmattan Mali
Sirakoro-Meguetana V31
Bamako
syllaka@yahoo.fr

L'Harmattan Togo
Djidjole – Lomé
Maison Amela
face EPP BATOME
ddamela@aol.com

L'Harmattan Côte d'Ivoire
Résidence Karl – Cité des Arts
Abidjan-Cocody
03 BP 1588 Abidjan
espace_harmattan.ci@hotmail.fr

L'Harmattan Algérie
22, rue Moulay-Mohamed
31000 Oran
info2@harmattan-algerie.com

L'Harmattan Maroc
5, rue Ferrane-Kouicha, Talaâ-Elkbira
Chrableyine, Fès-Médine
30000 Fès
harmattan.maroc@gmail.com

Nos librairies en France

Librairie internationale
16, rue des Écoles – 75005 Paris
librairie.internationale@harmattan.fr
01 40 46 79 11
www.librairieharmattan.com

Librairie l'Espace Harmattan
21 bis, rue des Écoles – 75005 Paris
librairie.espace@harmattan.fr
01 43 29 49 42

Lib. sciences humaines & histoire
21, rue des Écoles – 75005 Paris
librairie.sh@harmattan.fr
01 46 34 13 71
www.librairieharmattansh.com

Lib. Méditerranée & Moyen-Orient
7, rue des Carmes – 75005 Paris
librairie.mediterranee@harmattan.fr
01 43 29 71 15

Librairie Le Lucernaire
53, rue Notre-Dame-des-Champs – 75006 Paris
librairie@lucernaire.fr
01 42 22 67 13

www.ingramcontent.com/pod-product-compliance
Lightning Source LLC
LaVergne TN
LVHW051408061026
849535LV00009B/3429
* 9 7 8 2 3 4 3 2 1 4 8 0 1 *